# 心と体を整える
# 子育て力

齋藤孝
明治大学教授

朝日出版社

## ●はじめに● 「知・情・意・体」で子育てをはじめよう

わが子が健康で知性にあふれ、心優しく強い子になってほしい。親として誰もがみなそう願います。そのために、小さなころから習いごとをさせたり、子どもの教育に熱心であるご家庭も多いでしょう。インターネットで検索するだけでも、たくさんのお稽古《けいこ》やお受験のための学習手段や方法などを知ることができます。

しかし、こうした多数の情報に振り回され、結局どのようにわが子を育てると良いのか、悩んでしまわれるお父さんお母さんも少なくないでしょう。

そこで、この本で私が自信を持っておすすめしたいのは、「知・情・意・体」を軸としたとてもシンプルな子育て方法です。二人の子を持つ父親として、自らの子育てで実感したのは、子育てをあまり難しく考える必要はないということです。

**子育てのテーマを「知・情・意・体」としてはっきり定めるだけで、親子ともに成長していく知育が可能になるのです。**

「知・情・意・体」を踏まえ、子育てを楽しくはじめていきましょう。

# 子どもの環境を整える

## intelligence 知性

「知」は学び、吸収していく知の力。その基礎をつくるのは、絵本や本です。小さい頃は親に読み聞かせてもらい、就学したら自分で声に出して読む。どれだけの本を読んだのかが、知の財産であり、家族の思い出に…。リラックスして本を読み、ストックできる場所が住まいには必要です。

## 情緒 emotion

「情」は相手の気持ちを思いやる心。豊かな心を持つ子どもに育てるには、やはり家族とのコミュニケーションが基本です。また、日常的な暮らしの中でアートや音楽とふれあうことも大切。情緒の安定した「キレない子ども」は、家族との会話がはずむ、情緒豊かな住空間で育《はぐく》まれます。

# 知情意体で

## 意志 will

「意」は成し遂げるための積極的な志。学ぶ意欲を育てるためには目標や計画を自分できちんと書いて、常に目にすることです。また、自分でコントロールできるようになるまでには、親がしっかり管理することも大切。いつも目の届くところで子どもが学習できる環境をつくりましょう。

## body 体

「体」は生命、能力の源。まずは元気な体をつくり、たくましく育てることが大切です。子どもの集中力を高め、知力を伸ばすためには、脳を鍛えるだけでは、十分とはいえません。物事を体だけで感じる力、五感を育てる環境の中で、心身ともにバランス良く育てることが大切です。

## 子どもの「知性」を伸ばす環境づくり 9

## 子どもの「情緒」は家族のふれあいで深まる 33

## 子どもの「意志」を高めるのは親の役割　65

## 子どもの「体」を鍛える習慣をつくろう 113

intelligence

# 子どもの「知性」を伸ばす環境づくり

知性

# 絵本で子育てが基本

子どもが０歳児の頃から、絵本を読み聞かせることは知育の基本です。６歳くらいまでは、絵本を親子でいっしょに読むことを子育て生活の中心にしましょう。親子で絵本を読む時間は幸福な時です。「おすすめ絵本１００選」を巻末に紹介しましたので、参考にしてみてください。

**絵本は想像力を養い、知力を伸ばすことはもちろん、子どもの情緒を安定させます。**また、小学生になったら、物語を音読させることが効果的です。親も、子どもといっしょに音読するのもよいことです。

生後間もない幼児でも、絵本を繰り返し読んでもらうことを喜びます。多くの絵本を読み聞かせるうちに、好きな絵本を見つけ出し、何度も読んでとおねだりしてくるのは、子どもの心の中の世界が豊かになりはじめている証拠でしょう。

繰り返し絵本を読んで
子どもの世界を豊かにしよう

## 本棚は家族の歴史になる

**家族が読んだ本は、ひとつの本棚にまとめましょう。本棚は家族の知の財産、歴史です。**二代、三代と世代を重ねていけば、わが家の図書館と呼べる存在になるでしょう。入っただけで勉強したい気分になる。脳に刺激を与える、そんな知性あふれる空間が図書館の持つ教育力です。小さい子どもにはまだ読めない、難しそうな大人向けの書物が並ぶ本棚は、子どもの将来のよき水先案内にもなるでしょう。

0歳から小学校低学年への絵本の読み聞かせは、床に転がってリラックスできる部屋で行うとよいでしょう。本棚のある部屋にやわらかいクッションを置き、じゅうたんを敷いてあげれば、子どもも自然と寄りつきます。家族の本が集まった本棚の部屋で絵本を読んであげると、子どもの知力や想像力が培《つちか》われていくばかりか、家族の思い出として、記憶に強く刻まれていくことになるでしょう。

本があふれる家庭の本棚は
子どもの知の財産になります

# ダイニングテーブルで子どもに勉強を教えよう

**子どもに勉強を教える場合、子どもに対して正面や横並びではなく90度の角度で三角形が描ける位置関係が、スムーズにコミュニケーションできるベストポジションです。**これを私は「ゴールデントライアングル」と呼んでいます。会議などで丸いテーブルを使うと議論がしやすいのも同じ原理です。お互いに角度のついた状態で向きあい、コミュニケーションをはかりましょう。

**「ゴールデントライアングル」は、ダイニングテーブルのコーナー部分を使えばバッチリ。**ダイニングスペースのもうひとつの利点は、家事をしながら子どもに目が届きやすく、テーブルがすっきりと広いため、勉強道具を広げても窮屈でないこと。小学4年生くらいまでのお子さんの学習環境として最適です。短時間の勉強であれば、和室の座卓やちゃぶ台などで勉強を教えてあげるのもよいでしょう。

## 子どもの「知性」を伸ばす環境づくり

ゴールデントライアングルで
子どもの勉強をサポート

# 食事のときは勉強道具をちゃんと片づけさせよう

勉強をするのにダイニングテーブルが適しているといっても、家族が団らんする、食事のための大切な空間ですから、勉強道具を出しっ放しのままにしていてはいけません。食事のときにはきちんと片づけることを覚えさせましょう。近くに書棚のスペースを用意したり、引き出しのついたダイニングテーブルにすると、紙や文房具の収納にも便利でしょう。

**食事が終わったら、またサッと勉強道具を取り出してきて、宿題の残りを30分でやっちゃおう！　という使い方ができるのも、ダイニングスペースの利点です。**片づけを頻繁《ひんぱん》にさせることで、食事と勉強と遊びなど、生活にリズムが生まれ、メリハリをつけることができます。また、何事にもけじめをつける習慣が身につくため、子どもの勉強の集中力アップにもつながってきます。

ダインニングで勉強すれば
片づけの習慣も身につく

# 大人になってからも使える学習机を選ぼう

子どもが自習できるようになったら、学習机を選んであげましょう。**小学生から中学生、高校生や大学生へ、成長してもずっと使いつづけたくなる机を、はじめのうちに選んであげることが大切です。**

一般的な学習机は、特徴として教科書や辞書などを収納するラックがセットされており、サイズも幅が１００センチメートル程度と小さめです。これでは、受験モードで勉強するときには、買い替えが必要になってしまいます。

子どもが使うから、この程度の大きさでいいという発想でつくられているような気がします。子どもの能力や成長を低く見積もりすぎているように思えるので、最初から大人になっても使えるサイズやデザインのシンプルな机を、私はすすめます。図書館にあるような仕切りのある机もおすすめです。

飽きのこないシンプルな
大人用の机がおすすめ

# やる気が出てくる机の使い方とは？

図書館などにある自習室を想像してみてください。となりの席が気にならないようパーティションをつけた机を見かけたことはありませんか。使ってみるとわかりますが、このタイプの机は集中できて勉強がはかどります。視界がコントロールできるところにその秘密があります。**人間の視野は両目で200度程度。その範囲を囲いで隠すと邪魔なものが視界に入ってこないため、集中力がぐっと高まるのです。**

自宅の勉強机でもパーティション方式を利用して視野をコントロールすれば、子どもの集中力アップに結びつきます。勉強のやる気が起きないときも、机に囲まれていると「やるしかない！」という気持ちに……。机の上には勉強道具以外のものを置かないようにするのが基本。子どものやる気まかせにせず、学習環境を整えてあげることは親の役割として、しっかり認識しておきたいところです。

200度の範囲を囲んだ机で
勉強に集中できる環境に

# 椅子に座る練習から勉強する姿勢を身につける

**集中力を身につけるために、まずは、座る練習からはじめてみるとよいでしょう。**

最初は短時間、徐々に時間を延ばしていき、長く座っていられる力を身につける。中学受験をする場合は、遅くとも4〜5年生から、長時間、机に向かう生活になります。そのためにも、まずは疲れにくい機能を持った椅子《いす》を手に入れることです。

椅子選びのポイントは、いくつかあります。まず、椅子の高さが自由に変えられること、背もたれの角度が変えられること、肘掛《ひじか》けがついていること、座面が布製など肌ざわりの良い素材でできていることが挙げられます。もちろんキャスターも必要です。長時間の勉強に対応するには最低限これくらいの機能は必要です。肘掛けのない学習椅子が多いのですが、これは必須条件であると私は考えています。

**一番大切なことは、「腰を立てて座る」ことです。**上半身が猫背にならないよう

勉強する習慣は、椅子に
座る姿勢から身につける

に背筋を伸ばし、腰を前に軽く前傾《ぜんけい》させます。勉強をするには、この軽い前傾姿勢が重要です。意識が前向きになり、自然に気持ちがしゃんとします。**腰が決まらないと勉強は長続きしないというのが鉄則です。**

とはいえ、同じ姿勢を続けてばかりでは疲れます。軽く20～30秒ジャンプしてほぐすのは、ぜひやってほしい基本です。勉強の合間に、軽く体操をして、疲れを取って集中力を高めると、学習に効果的です。ポイントは、首筋、肩、背中を伸ばすことです。

**集中力を高めるためには、呼吸法も大切です。**鼻から3秒ほど息を吸って、2秒ほど保ち、口をすぼめて、ゆっくり少しづつ10秒ほどかけて息を吐きます。おへその下（臍下丹田《せいかたんでん》）に手を置いて、ゆっくり呼吸します。勉強する前と、合間にこれをやると集中力がアップします。

そこで、椅子に座りながらできる簡単な体操をご紹介しておきましょう。

椅子に座ったままの体操で
体も心もリフレッシュ！

体操①　椅子に座ったまま手を上で組み、上体を後ろへ反らしたり、横へ曲げたりして体を伸ばします。

体操②　椅子の肘掛けを支えにお尻を浮かせ、背筋をまっすぐに。そして頭を後ろに反らせて体を伸ばします。

## 子どもの集中力をつける30分トレーニング

**集中力が続くのは30分程度。集中するには、時間を体感させることも効果的です。**

小学校の宿題は、だいたい30分から1時間くらいで終わるようにできています。ですから、宿題もダラダラと成り行きではじめるのではなく、親が時間を区切って勉強させることが必要です。その目安は30分。1時間かかるものなら30分でいったん区切り、残りの30分で再度取り組むという要領で行うのがおすすめです。集中力をつけるには、日頃からトレーニングをすることが必要です。

もうひとつのポイントは、時間を体感させることです。**一番わかりやすいのは30分の砂時計。視覚的にも時間を意識させることができるため、時間の感覚を体で覚えさせるのに効果的です。**手に入りにくければ、ストップウォッチで時間を計《はか》るのでもＯＫです。時間を計ることで、集中力が自然に増してきます。

30分の砂時計を使えば
集中力アップ!

# 新聞を使って、親子で読み書きの練習をしよう

古典的な学習法は心を落ち着かせる良さがあります。

百人一首を覚えて、かるた取りをする遊びも、日本の伝統的な世界を学ぶのにとても良いものだと思います。昔の人の営みを知るうえでも、伝統に則《のっと》った学習法は、日本人の心を形作っていきます。たとえば、「読み書きそろばん」がそうですね。

**読み書きでいうと、音読すること。これは古典的ながら、大変良い学習方法です。読むテキストとしては、新聞を利用してみるとさらに効果的なのでおすすめです。**

具体的にどうするかをご紹介しましょう。まず、新聞記事を切り抜き、紙に貼《は》り付けてから、子どもに記事の内容を説明させるという方法で、実用的な日本語を培うことができます。「池上彰《いけがみあきら》さんのようになろう！」という感じで、子どもに新聞記事の内容を解説させてみるとよいのです。

子どもに新聞記事を
音読させてみる

そのさい、記事を声に出して音読させてみましょう。音読できず読めない字が出てきたら、親がいっしょに音読しながら教えてあげます。そうすることで、実用的な日本語の語彙《ごい》を新聞でほとんど得ること（インプット）ができるのです。

新聞は大人の社会とはどういうものかを知る意味でも、とても教育効果の高いものです。小学校のときから新聞を活用し、関心を持って接することで、記事内容を自分の言葉で説明（アウトプット）する力も身についていきます。子どもの語彙も自然と増えていくことで思考力もつき、読解力が増していきます。新聞の内容を要約したり、その内容に対し、どう思ったかなどコメントを書いてみたり、難しいようでしたら、親がサポートしながらやらせてみるとよいでしょう。

読めなかった語彙はノートに書き写し、読み書きできるよう繰り返し練習します。**言葉を覚えるには、読み書きを繰り返し練習すること、反復トレーニングこそ勉強の王道です。**ふりがなのついている『朝日小学生新聞』のような子ども向け新聞はおすすめです。私自身、子どもの頃読んでいて、言葉を覚え、関心が広がりました。

読めない言葉
を書き写すと
漢字や意味が
覚えやすい

# 脳を活性化させる音楽や絵画とは？

音楽にはストレスホルモンを低下させ、副交感神経の働きを高め、血液を正常化する作用があるといわれています。**特にクラシック音楽には、脳をリラックスさせる不思議な力があります。**これは私の経験ですが、東大出身者にはクラシック音楽ファンが多い。ピアノを弾ける男が結構いたりするのです。どんな相関関係があるのかはわかりませんが、クラシック音楽に親しむことが情操教育として効果的であることを実証しているように思います。

**情操教育においては、絵画の鑑賞も欠かせません。**本物の名画を手に入れることはできなくても、複製やポスターなら手軽に飾ることはできます。たとえば、ミロやシャガールの絵を見て育つと、子どもの想像力は膨らみ、美的感性が磨かれるはずです。音楽や絵画は、柔軟性のある頭脳を養うための栄養にもなるのです。

情緒

emotion

# 子どもの「情緒」は家族のふれあいで深まる

# 家族のだんらんが「ふれあい力」を高める

『ちびまる子ちゃん』の世界を見ていると、昭和は子どもが幸せな時代だったんだと感じます。おじいちゃんおばあちゃんまで、家族全員がお茶の間でコタツを囲んであれこれしゃべり、テレビを見て、ごはんを食べる。おおらかな雰囲気の中で、子どもはのびのびと生活していました。家族にはゆるやかな温かさがあり、その中で自然と〝しつけ〟がなされ人格が形成されていきました。もちろん現代でも、昭和の暮らしはできなくても、家族の絆《きずな》を育《はぐく》む対話空間をつくることはできます。**親子が対話する時間を持つこと。家族にとってそれが最も大切なことです。**

親子のやりとりや会話が少なくなり、冷えた感じになるのが一番つまらないことです。家族の会話は多すぎるくらいがちょうどよいのです。**「子どもは会話するのが仕事」と子どもに教えて、子どもの「ふれあい力」を高めてあげましょう。**

家族でいっしょに過ごす
空間づくりを心がける

## おいしいごはんで、子どもの情緒は豊かになる

おいしいものを食べることは重要なことです。

「おいしいもの」というのは親がつくった温かい食べ物のことです。**「家のごはんが一番おいしい」と思っている子どもは、情緒が安定しています。**

カレーでもみそ汁でも家庭でつくる基本的な食事について、日頃から食べる習慣を持っていると、「おうちのごはんはおいしい」「おかあさんのごはんがおいしい」と自然に思うようになるものです。

たとえばお雑煮。自分の育った地域のお雑煮が一番落ち着くという人も多いのではないでしょうか。それは人間のアイデンティティに関《かか》わることでもあり、家庭や地域の問題、広くは、日本という国への帰属意識へとつながってくることでもあります。気に入ったものやおいしく感じるものを食べている時間は、誰もがみな、非

常に幸せだと感じています。これはもう、人間が本能的に備えているものなのです。**おいしいものを食べると、まず脳が喜び、体の全身がほぐれてきます。**

デートでも、おいしいものを食べながら話をすると、その人が良く見えてくるというところがあるため、デートに誘う側はおいしいレストランを選ぶわけです。

おいしいものを食べているときに言い争いをするということもあまりないように思います。ですから、ビジネスでも、食事をしながら交渉ごとをするということがよく行われたりするわけです。

家庭の話に戻りますが、**料理が上手なお母さんかどうかというよりは、食事について子どもと会話することができるかどうかが大切です。**料理上手かどうかということは絶対的な条件ではありません。

「今回のカレーはちょっと水っぽいね」「次回はカレーのルーはこっちにしてみようか」というふうに、家族みんなの意見をとり入れて楽しく食べることのほうが重要なのです。

# 食べ物の話をしながら食事をしよう

お母さんは完璧《かんぺき》な料理上手を目指すのではなく、子どもとの会話の中で、「あっ、今日のこれはおいしかったね」とか、あるいは、おいしいものかどうかは別として、モロヘイヤスープといった**健康的な一品を食卓に出してみて、「これは体に良いから食べてみようか」と栄養の知識を交えつつ話をすると、家族の会話も進みます。**

合成甘味料みたいなものがたっぷり入っていて、とにかく甘ければいいという食べ物も気にせずに、子どもが食べていた時代もありましたが、現代においては、栄養のバランスが良いとか、体に良いことじたいが「おいしさ」の中に含まれていま す。最近では「食育」といわれますが、食べ物の知識を共有することも大切です。

「頭を良くするには青魚がいい」という話をしてあげると、子どもは案外興味を示すものです。それまではそんなに好きではなかったのに、「じゃあ食べよう!」

食べ物の話をすることで
食への関心が生まれる

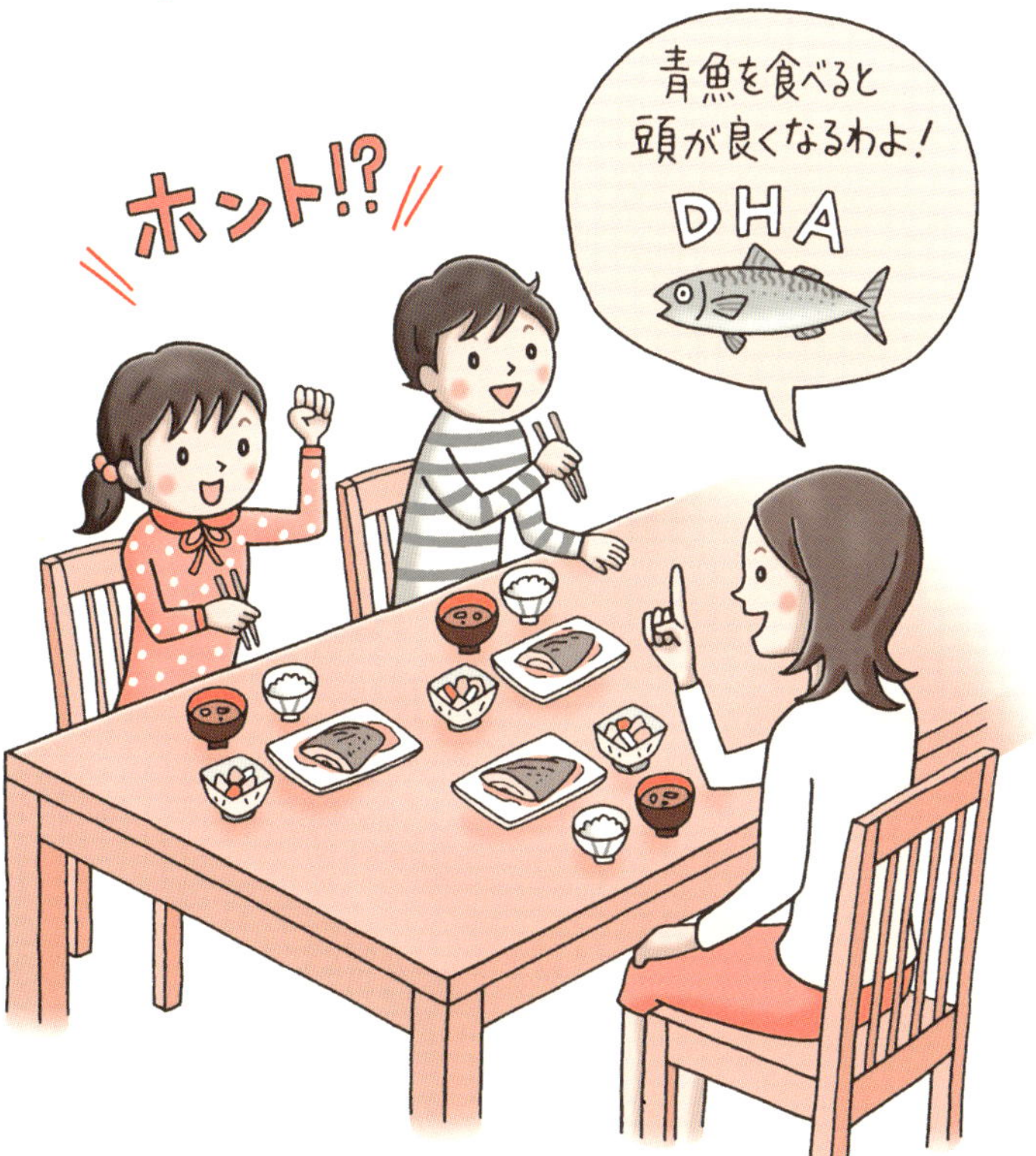
青魚を食べると
頭が良くなるわよ！
DHA
ホント!?

と子どもが思うこともあるからです。食べなれてくると、次第に「おいしさ」を感じるようになることも多いでしょう。

時には、順番を変え、味や見た目から入るのではなく、知識から入って、食べ物のおいしさを感じさせる工夫があってもよいでしょう。

**健康まめ知識みたいな話を、家庭内の話題にするのも結構楽しいことです。**

私の家でもよく、食事中に食べ物の話になります。テレビで納豆が体に良いと聞くと納豆を買ってきて、ひとしきり食卓で流行《はや》りました。シナモンが老化を防ぐという噂《うわさ》を聞けばシナモントーストにしてみたり。子どもには老化なんて関係ありませんが、面白がっていっしょに食べるものです。

## 朝ごはんはしっかり食べて脳に栄養を

食育の話として、朝ごはんについてもふれておきましょう。

**朝ごはんは一日のはじまりを左右する大切な食事です。学力にも関係してくる大切な食事です。きちんと朝食を子どもに食べさせる環境づくりを心がけてください。**

私のような大人でも、パンやごはんのような炭水化物をとらずに仕事したときは、途中でエネルギー切れを起こしてしまいます。私は必ず朝に炭水化物を摂取し、バナナを一本食べ、アサイーという南アメリカ原産で格闘家なども健康づくりに飲んでいるという果物の液をヨーグルトにまぜたもの、さらににんじんジュースに青汁、シークワーサー（沖縄のレモンのような果物）の原液を入れた特製ジュースを飲んでいます。それだけ食べると安心して、午前中、フルに頭を使う仕事ができます。

子どもについても同じで、小学校の授業は午前中に4時間もあります。朝にある程度、炭水化物をしっかりお腹に入れてやらないと、体力も気力ももたないのです。

私が小学校の頃、朝はごはんにみそ汁をかけて食べていました。わっとかき込んで学校に向かうわけです。そんな食べ方を母はちゃんと知っていたのでみそ汁にはいろんな具材が入っていました。卵のような動物性たんぱく質も入っていました。食べている時間は短いですが、午前中、エネルギーがキープできました。

高校の時、こんな失敗がありました。朝ごはんを食べずにマラソン大会に出たことがあり、何とか頑張って10キロ走り切りました。ところが、目的点に到着して仰向けになった途端に動けなくなってしまい、先生の車でそのまま自宅まで送ってもらったという情けないことがありました。完全なエネルギー切れでした。

私は、頭も使う活動のときには、バナナのように早くエネルギーになるものと、炭水化物のように少し時間をかけてエネルギーになるものをいっぺんにとるのですが、そのことでエネルギーが持続的に糖質として供給される気がします。

脳は活動するときに糖質がエネルギーになるので、脳に栄養を送るためにもしっかり朝食をとる習慣を身につけることが必要です。

朝ごはんをしっかりとって
脳を活性化させる

手塚治虫さんは猛烈な仕事の量を処理するために、チョコレートやケーキをものすごい大量に食べながら仕事をしていたそうです。脳は大量にエネルギーを使います。手塚さんの例は極端ですが、上手に燃焼バランスをつくるのが理想です。朝は炭水化物系とかバナナなどの果物、夜は炭水化物が多めというよりは、タンパク質を多くするというふうにバランスを考えることが必要です。

**家族みんなで「おいしい」という共通の食べ物があると、より食卓も楽しくなります。**たとえば手巻き寿司《ずし》。特別な日にそれぞれ、好きなものを巻いて、楽しく食べることができる手巻き寿司は子どもたちの好きな食べ物です。子どもたちにとって楽しみな日になるでしょう。

高い食材ではなくても、日常的に子どもたちが喜ぶ「おいしいもの」もあります。私は小さい頃、自然薯《じねんじょ》のトロロをみんなで分けあって食べるのが好きでした。みんなで食べると本当においしく感じました。

後はお好み焼きやたこ焼き。つくるのはたいてい男性陣でした。父親と私がいっしょに焼きまくるわけです。全然高価なものでもないし、実際はたいしておいしくないのかもしれませんが、これが予想外に楽しくて、おいしく感じるんです。薄く、薄く鉄板に押しつけて、小さめに焼きました。たこ焼きも父と二人で焼くのが一時期流行りました。家族みんなが焼けるのを待っていて、みんなで「おいしい、おいしい」とお祭りのようにわいわい食べました。父は亡くなってしまいましたが、父親との楽しい大切な思い出も、おいしい食事とともによみがえってくるのです。

家族いっしょに楽しめる食事が、子どもにとって、一番おいしいもの、何よりのご馳走《ちそう》なのではないでしょうか。

## 外食で家族のコミュニケーションを深める

基本的にはお母さんやお父さん、家族の手づくりの食事が大切ですが、ときには大人が食事づくりを休んで、そのぶん、ゆっくり子どもと向きあう時間をつくることもよいでしょう。

**外食ですと、家族全員がそろうので会話しやすいという利点もあります。**料理ができあがるまでの時間、いろいろ話がしやすい状況が生まれます。勉強の話や学校の話など案外細かな話もできるものです。

私が育った家では外食を週に１回程度、組み込んでいました。日曜の夜は、家族で外食に出かける習慣がありました。

今の時代は外食も高価なものばかりではなく、安価でもおいしいものがたくさんあります。経済的に負担にならないよう上手にレストランを選べば、外食も使いよ

外食をしながら家族で話すと
家族の結びつきも強まる

うがあるのではないかと思います。子どもたちにとっては、家族みんなで外に出ることじたいが特別なイベントなのです。

外食をする日は子どもたちと「どこがおいしいかな?」「どこに行きたい?」と話しあい、みんなで意見をまとめて「じゃああそこに食べにいこう!」と子どもたちの意見もとり入れて出かけてみましょう。

わが家では食べ放題の店が流行ったときもありますし、家族全員が好みの料理がある、よく通うお店があったりします。外食は「あの店よく行ったね」「あの時期わが家はあれが流行ったね」など家族の思い出にもなっていきます。

**おいしいものを家族みんなで食べながら会話することは、情緒が安定している家族ならではのコミュニケーション方法です。**

特に親と子の関係がうまくいっていなかったり、子どもが元気なくふさぎ込んでいたり、反対に親の気持ちが沈んでいるときなど、少し子どもと距離ができているなと感じているときに、親子関係を改善するためにも、外食が良い機会を与えてくれるでしょう。

## 時と場合に応じた子どもとのつきあいを考える

子どもが大きくなるにしたがって、親と子がバラバラで行動することも多くなります。お互いの気持ちも理解できなくなり、家族がバラバラになりかけているご家庭もあるかと思います。小さなことでも共有できるものがあるということが、家族の関係を維持するうえで、特に重要なことなのではないかと思うのです。

たとえば映画。宮崎駿《みやざきはやお》監督のアニメのように、子どもが見られる作品も多いので、子どもがまだ小さければ、家族全員で映画館に出かけてみるのもよいでしょう。大きくなると家族全員で趣味が合うということはなくなっていくかもしれません。

私自身は子どもと映画の趣味が合います。小さい頃からいっしょに映画館に出かけていたので、自然と趣味が合うようになったのでしょう。高校生になっても、月2回程度、いっしょに映画を見に出かけました。親の気晴らしにもなり、いっしょに見て帰ってくるときは、その映画について子どもと話をする習慣ができました。話すための共通の話題があると、コミュニケーションの質が変わってきます。

家族が四人いたら、常に四人がいっしょにコミュニケーションするのではなく、そのなかで、いろいろな組み合わせを考えてみることも大切です。

**組み合わせ次第で、親子のコミュニケーションの仕方が変わってきます。親がそれぞれの子としっかり何かでつながっていることが大事です。**子どもの一人がキャンプに行ったら、残りの三人でいっしょに行動してみるなど、いつもとは違う家族の組み合わせをつくってみると、親子関係の雰囲気ががらりと変わります。

**雰囲気が変わるということを知っておくことで、意識的に、この子との関係は映画でつくっておこう、この子との関係はキャッチボールでつくろうと、親も工夫がしやすくなります。**

誰かが家の中で言い争う状況だったとしても、二人きりで食事に行ったりすると意外に子どもは落ち着きを取り戻して、親と話すことができる場合があります。また、態度が悪く困ったなと親が思ったときでも、あえて映画に連れ出してみると、帰りにはすっかりおだやかになっているということがあります。

ですからお子さんに対して、**この子はこういう子なんだと一方的に決めつけずに、関係性が変わるよう場所を変えたり、組み合わせを変えてつきあうことで、雰囲気に変化をつける努力をしてみることが大切です。**子どもは時と場面で、いろいろ見せる面が変わってくることがわかってくるでしょう。その関係性や場を、子どもたちとの間で複数つくっておくことで、親子関係も柔軟になってゆくのです。

野球選手のイチローは小学生から中学生にかけて、お父さんといっしょに毎日バッティングセンターに通い練習をしていました。毎日のことですから、親子の間が必ずしもうまくいかないという日もあったそうです。毎日お風呂あがりにイチローの足の裏を指圧するのが日課になっていたようですが、そういう時間には、ぎくしゃくした関係の日があってもお互いに気持ちがゆるんだそうです。

親子の関係がいまひとつな時も、一日のうちに、そういう安定した時間や関係があると落ち着きを取り戻すきっかけとなります。**ひとつでもいいので、つながれる親子の安定した時間を習慣づけておくとよいでしょう。**

## 親子で趣味をシェアしてみよう

親が生きてきたなかで、見たり聞いたりして心に残った映画や音楽を子どもにも教えてあげることは、子どもとの関係づくりに広がりや幅が生まれます。同じ趣味が共有できるばかりでなく、子どもにも自然に親の感覚が理解できるようになるのではないかと思います。大人を理解できることが何より大切なのです。

**子どもは社会に出るうえで「人間理解力」を身につける必要があります。人間理解力の第一歩は、親を理解するということです。**親もひとりの人間であり、趣味の違う人間です。**親の趣味を一部でも共有することができれば、子どもも自然に親という存在と重なりあう部分を、自分の内側に認めることができるようになります。**

共有するものがあれば、会話や気持ちもはずみ、親子のつながりがぐっと強まります。

親子で趣味をシェアするだけで
子どもの情緒が豊かになる

たとえば車で移動するとき、子どもの好きな音楽をかけてみるのもよいですが、親が好きな音楽を聴かせてあげてみましょう。子どもは自然に慣れて、その音楽を気に入るかもしれません。

お父さんお母さんがクラシック音楽が好きならばクラシックでもいいですし、ミスチルやサザンが好きならばそれでOKです。

昭和はテレビが一家に一台の時代でしたから、大人が聴いている歌謡曲を、子どもも聴かざるをえませんでした。ある一曲が流行ると日本中がその流行歌を聴いている時代がありました。それが会話のしやすさにも結びついていました。

今は音楽の種類も多様で、売れている音楽ベストテンを見ても、日本中で口ずさむような曲は減ってしまいました。かつては誰もが知っている曲が上位を占めていましたが、趣味が細分化しすぎてしまっているからでしょう。

子どもが小さい頃から、親子で趣味をいっしょに共有できるとしたらどうでしょう。親は遠慮せずに、子どもといっしょに自分の趣味を楽しんでみることから始めてみるのもよいのではないでしょうか。

## 子どもの趣味を親も楽しんでみよう

私は音楽だけでなく、自分が見た映画で良かったと思うものは、DVDを買ったり録画しておくようにしています。子どもが中学生や高校生になると、私のDVDを自然に見るようになりました。子どもが「あれ見たよ」と話かけてきたりすると、こちらも嬉《うれ》しくなる。そんなふうにして話が進みます。

趣味が共通になるという意味では、音楽だけではなく、スポーツなどをいっしょにやってみるのもいいでしょう。私は学生時代、部活動でテニスをやっていて得意だったため、子どもにもテニスを教えました。

その反対に、**子どもがやっていることを親もやってみる方法もあります。**

たとえば、親は若いときに野球をやっていたけれど、子どもは少年サッカーのチームに入ったとします。親はやったことがないので、見ているだけということもできますが、お父さんがサッカーをやりはじめるのも面白いでしょう。

わが家でも、中学生になった子どもがチェロを弾くようになり、家の中にチェロがありました。チェロを弾くことはなじみのないことでしたが、せっかく楽器があるので、ちょっとやってみようとはじめてみたのです。

私のように、子どもがきっかけで趣味が新たにできてしまう場合もあります。

子どもが好きになった音楽を、親が聴いてみるというのも面白いでしょう。

私が車で遠出をするときに、CDを買おうと思い「何を買おうか」と迷っていたところ、子どもが「レディー・ガガがいいよ」とすすめてくれました。

当時、私は「レディー・ガガ」というアーティストを知りませんでしたが、子どもがすすめるので聴いてみたら、楽しめました。それからというもの、レディー・ガガについてニュースが流れるたびに関心を向けるようになりました。子どものおかげで、親の私が、新しいものを受け入れられるようになったのです。

子どもと趣味を共有してみましょう。子どもの世界が理解しやすくなるだけでなく、大人の世界も新たに広げてくれるのでおすすめです。

## 偏愛マップを子どもにつくらせよう

小学生の子どもたちと授業をするとき、「偏愛マップ」をつくってもらうことがあります。偏愛マップとは、好きなものについて地図のように書きだしてもらうことです。**偏愛マップを子どもにつくらせてみると、子どもたちの内面の世界がわかってきます。**子どもの世界が一目瞭然《いちもくりょうぜん》になり、膨大《ぼうだい》な会話の代わりにもなります。

自分が好きなものを書き連ねていくことは、子どもにとっても楽しいことです。人は自分の好きなものについて話すことが好きです。楽しい雑談のヒントは、この偏愛マップにあります。授業では二人一組になって、お互いのマップを見ながら話してもらいます。

偏愛マップの書き方は箇条書きにするのではなく、用紙全体に広がるように放射線状に書いてみたり、グループ分けをしてみたり、連想されるものをつなげてみたり、クモの巣状など自由に書かせてみます。小学生の場合はポケモンなどの人気キャラクターなど、偏ってしまう場合があります。音楽・映画・本・食べ物・スポーツ・場所などあらゆる分野に広がるよう、親がおおまかなアドバイスをしてあげます。すると、子どもはいろいろなことをたくさん書き出すでしょう。現在の関心事だけでなく、昔好きだったものを入れることで、子どもの「歴史」も見えてきます。

小学生の授業でこの偏愛マップをつくってもらうと、「へーっ」と思うようなことを子どもたちは書くので、担当する先生がびっくりすることもあります。授業や普段の生活では言わなかったけれど、この子はこんなに宇宙のことが好きだったのかという発見もあるので面白いものです。理科が嫌いそうな子でも、じつは虫や宇宙、鉱物が大好きだったりと、子どもが本当に考えていることがわかります。

子どもが思っている些細《ささい》なことまで、できるかぎりこと細かに書いてもらいます。ピアノを弾いている子でしたら、ただ「ピアノが好き」ということを書くのではなく、ピアノ曲で好きな曲などを書いてもらいます。モーツァルトやラヴェルなど、好きな作曲家から広げてゆくのもよいでしょう。

偏愛マップの一部。子どもの
考える世界が見えてきます

# 偏愛マップで子どもの才能を広げてあげる

そうしてできあがった偏愛マップを見てみると、その子の教養や世界がどれだけ広がりあるものなのかがわかってきます。

子どもの偏愛マップを見ることで、子どもの世界観が確認できます。親としては、できるだけその子の世界を拡げてあげたいと思うのではないかと思います。

たとえば子どもを、17世紀のオランダで活躍したヨハネス・フェルメールという画家の絵を見に、美術館に連れていってあげたとします。フェルメールの絵画は、画家サルヴァドール・ダリが天才と評したほど、印象に強く残る作品です。

そうすると、子どもの中にはフェルメールをマップに書く子が出てきます。それは親に連れていってもらい、何か感じるものがあったからです。はじめから17世紀のオランダの画家の絵のすばらしさに自分ひとりで気づくのは至難の業《わざ》です。

親が積極的に美術館や博物館に連れていくと、子どもが好きになるということがあります。お絵かきが好きな子はいますが、子どもで名画鑑賞が自発的に好きになる子はめずらしいのではないかと思います。

しかし、子どもは何回か見にいくうちに、ああこれはモネだな、これはセザンヌだな、これはピカソだとわかるようになってきます。わかるだけで、子どもは好きになっていきます。

はじめの1回目、2回目はすごく面倒くさがっていたけれど、3回目、4回目にもなるとある程度わかるようになってきて、面白くなってくるのです。

美術館などに行ったときには「これは誰の絵だと思う？」などと話をしたり、お土産《みやげ》にマグカップやTシャツなどを買ってみたりすると自然に絵画に馴染んでいきます。

美術展に行ったときのお土産の効果は案外あるものです。マグカップやTシャツのほかクリアファイルのような文具など、普段から使うものに絵がついているだけで、毎日いっしょに暮らしているような気持ちになり、絵の見方が変わってきます。

次第に発展していって、セザンヌやゴッホの中ではどういう絵が好きなのか、自分でも絵を描いてみたいと思うようになるかもしれません。子どもが自分からすすんで興味を持ちはじめるようになるのです。

親はこと細かく、いろんなジャンルのものを全部、子どもに指し示す必要はありません。

教養というものは、あるひとつの点を突破すると自然に広がっていきます。

**大切なのは、教養レベルの高い本質的なものを子どもがひとつでも見つけることです。本質的なものがひとつあることが、その子の支えになってくれるのです。**

最初の段階としては、好きなファーストフードベストテンや、好きなテレビ番組ベストテンでもよいので、子どもたちに好きなように書かせてみてください。

## 子どもといっしょに好きなものを増やしていく

テレビのことでいえば、私の家の息子は、NHKの『プロジェクトX』という番組が非常に好きでした。親もいっしょに見ていたせいもあるでしょう。好きなものをいっしょに見ているといつの間にか好きになることがあります。子どもの向上心や意識を育てるのにこの番組は役に立ったと思います。テレビ番組でも親がいいなと思うものをいっしょに見ると、子どもが好きになって自分の偏愛マップに書き込むようになったりします。大河ドラマでもいいですし、少し教養性の高いものをいっしょに見ることで、子どもの好きな番組になっていくことがあります。

**親といっしょにどこかへ行ったり、何かを見たりすることが、子どもの「好き」という感覚が広がるきっかけになるのです。**

そう考えてみると、子どもの自力に任せていて、「好き」な世界がなかなか広がらず、偏愛マップを充実させられないのは、親の責任でもあるといえます。

「好きな映画は?」と聞かれたときに、「ない」と答える子どもと、ディズニー系の映画だけ答える子と、幅広いジャンルで20本、30本と挙げられる子がいたとしたら、やはりたくさん映画の名前を挙げられる子が、一番精神のバランスがとれているということになるのではないかと思います。

好きなものをたくさん挙げられる人生は豊かです。

**自分の世界を広く深くするためにも、偏愛マップは目で見てわかるので役に立ちます。**「好きなものがどんどん増えていく」と思うだけで、人生が楽しくなる。楽しみが多ければ多いほど、生きる原動力にもなります。人生を楽しむ時期に好きなものがあるのはやはり幸せなことです。

知らないものは好きになれません。はじめからクラシック好き、美術好きという子は少ないと思うので、いろいろなものにふれさせて、可能性を伸ばしてあげることが重要です。親はあくまで、子どもをさまざまなものにふれさせる案内役と考え、詳しい専門家になる必要はありません。

意志

will

# 子どもの「意志」を高めるのは親の役割

# 子どもに勉強プランをつくらせよう

子どもには過干渉だけではだめで、ひとりの時間をもたせないといけません。自分の集中した世界に入っていくのが大切だからです。**充実したひとりの時間を持つことで、自立心が育ちます。**

**まず、「勉強プラン」を子どもと一緒に考えるのが大切です。**発表会やピアノの発表会があったら、いつまでにどのような練習をするとか、勉強でしたら、どんなペースでどういう勉強をしようかという「目標」や「スケジュール」を立てるのです。しっかり勉強するには、「目標」や「スケジュール」を自分で書くことが大切です。

**「勉強プラン」は常に目に見えるところに貼っておきましょう。**それを見ながら一週間の予定などを話しあったりすることも大事です。また、連絡票など忘れてはいけない情報も一緒に貼ることを考えて、**重要な情報は「赤」、目標や計画は「緑」**

**など、貼るエリアをわかりやすく色分けすることをおすすめします。**単純なことのようですが、この色の効果をあなどってはいけません。

ひとりでプランを立てて実行できるようになる習慣を身につけるのは、なかなか難しい作業です。親がサポートしてプランを作るようにしましょう。

まずは子どもがどんな考えで進めていきたいかを聞き、親が修正するなど、お互いに話し合ってプランを考えていきます。子ども自身に案を出させて、プランを立てるという能力をできるだけつけさせるよう頑張ってみましょう。

**プランを立てたら、子どもが実行できているか、その成果が上がっているかをチェックできるチェック欄《らん》を、プランの脇《わき》に設けておくとよいでしょう。**

**親が子どもと何かを考える時は、紙の上にきちんと書き出すことが大切です。書きながら話をすると、落ち着いて子どもと話ができます。**子どもとつくるプランは、【目標／具体的に何を実行するか／いつまでの予定か／それができた日付／達成できたか】などチェック欄の項目をつくるとよいでしょう。チェック欄には完全にできたら○、完全にできなかったら×、まあまあならば△と入れていきます。できるだけ子ども自身で実行に移させます。親がそばで教えなくても、子どもがひとりでプランを立て、自分でチェックするという回路を身につけさせるのが最終目標です。

将来、子どもは大学入試などを乗り越えて社会人になります。成長すればするほど、自力で頑張らざるをえなくなります。親が面倒をみることができない領域に入っていくわけですから、ここで過干渉になりすぎてはいけません。

では、子どもが立てたプランに対して親は何をすればよいか。**チェックの仕方を見て、嘘をつかず正直に実行しているかどうかを見るのです。**実行できたかどうかの結果を親が照合して再チェックする。それが誠実にこなせるようにならないと、親が入れない領域で、子どもは自分自身に嘘をつき、成果を上げられなくなってしまいます。入口と出口が非常に重要で、親は子どもとよく話をしながら見てあげることが肝心です。なかには、どうしても入口と出口だけではやらない子もいるでしょう。ひとりでうまくいかなった場合は、親が「見ててあげる」という方法もあります。

親はあまり口出しせず、ダイニングで子どもに勉強をさせ、時々そばで見てあげる。この距離感が、子どものやる気と緊張感をキープすることにつながります。

計画表を立てて実行する習慣は
子どもの一生ものの力になる

| プラン | | いつまで？ | 〆切 | 順番 |
|---|---|---|---|---|
| □ 宿題 | ―― | 夕食まで | | 3 |
| □ 読書 | ―― | 夏休み中 | 8/31 | |
| □ ピアノの練習 | ―― | お昼まで | | 1 |
| □ 計算ドリル | ―― | 夕食後 | | 5 |
| □ サッカー | ―― | 3時まで | | 2 |
| □ テレビ | ―― | 6時～7時 | | 4 |
| □ | | | | |
| □ | | | | |
| □ | | | | |

# 家族のしくみをきちんと教えよう

**親子は友だちとは違うものという前提を、子どもにははっきり理解させておくほうがよいでしょう。**一緒に笑ったり、趣味が一緒だというのはよいことですが、親と子は立場が根本的に違うことを、深く認識させておいたほうがよいのです。

**立場が違うから、親の言うことを子どもが聞くのは当たり前だ、という基本的な構図は重要だと思います。**

それがあまりにも高圧的になりすぎてしまい、子どもをしばってしまうのは問題です。干渉するにもバランスをとることが一番重要になってきます。

子育ては食べ物と同じように、すべてにおいてバランス感覚が必要です。

たとえば、しつけがゆるいばかりの親子関係である場合、置かれた環境がその子どもにとって、自由放任ですくすく育つ子もいれば、それがきっかけで自堕落になってしまったりと、子どもによってもしつけのバランスがそれぞれ異なります。

子どもの気質によっても、しつけのバランスを変えていかなければいけないし、兄弟であっても、親のしつけのバランスがやはり大切になるでしょう。三人いれば三者三様の対応が必要なのです。

友だちみたいな親が成功するというのは「たまたま」のことです。やはり基本は親が「ここは絶対にやらなきゃいけない」とビシッと言わなければいけません。

いったん親子の境界が崩れはじめて、親子なのに友だちみたいになってしまったら、軌道修正がなかなか難しくなってしまうのです。

いつまでも本当の友だちのようにできればよいですが、そのうち、子どもが親の言うことをまったく聞かなくなり、ただ単に自堕落になって、友だち感覚でもつきあっていられなくなる関係になるでしょう。

ある一面では、友だち感覚の部分が共有されることがあってもよいのですが、**友だち感覚が「ヨコ」のつながりだとすると、親子の「タテ」のつながりがまず根幹に、しっかりと備わっていなければいけません。**

子どもは働いていませんが、家庭の中ではかけがえのない、重要な存在でしょう。犬や猫だって、働いていないけれども家族の重要な存在です。子どももペットも家族の一員に違いありませんが、やはり立場が違います。

**家族のしくみをきちんと子どもに説明し、同じ家族でも、親と子どもでは立場が違うということをどう理解させるとよいか。最も良いのは、「経済面」から、自分の家族がどのように成り立っているのかを理解させることです。**

お父さん、お母さんが一生懸命に働き、この家族が成り立っていることを、子どもたちに率直に話してみましょう。親と子では、経済的な側面でも決定的に異なるのだということがわかるでしょう。こういうと「お金」ばかりを強調しているようですが、この家を支えているのが一体誰かということを明確にすることで、親と子が、タテのつながりで結びついていることを理解させることになるのです。

たとえば、お金を無駄遣いしてしまう子どもにお金の重要性を教える時、友だち感覚ではなく、親の立場から諭してこそ、子どもは無駄遣いの意味を理解します。友だちであれば、どんなお金の使い方をしていても、家とは関係のないことですん

子どもの幸せな生活は
親の支えがあってこそ
お金
¥
仕事

でしまうのではないでしょうか。家計の中から出入りするお金のしくみを理解することで、子どもにも金銭感覚が備わっていくのです。

**金銭感覚について教えることは、社会のしくみを教えることでもあります。将来、子どもが社会人として経済活動していくうえでも非常に重要になってきます。**

無駄遣いする子に対し、「お前が使ってるお金というのは、親が外の世界から頑張って働いて得たものなんだ。外の世界でお金をもらうにはちょっとやそっとじゃくれないんだよ。でもみんなが生活するためにお金がないと困るから、毎日頑張っているんだ」とお金を得るための苦労話でもして理解させないと、金銭を自力で得た経験のない子どもには、お金のありがたみというものがわからないのは当然です。仕事をし、お金を得るという社会のしくみを理解させて、子どもにもお金の使い方について考えさせるのです。

家庭内でも、子どものお小遣いの額を決め、そのお小遣いの中でどう使うか、その使いみちを子どもたちに考えさせてみるとよいでしょう。

## 目上の人の話をよく聞く耳をつくろう

親という立場から子どもに話す時に、注意しなければいけない点もあります。親はすべてにおいて経験知が高く、親のアドバイスは子どもにとって有効な場合も多々あります。しかし、経験知に基づくことが間違っているケースもあります。

たとえば親が経験したなかで「だめだったこと」に関して、子どもも「だめだろう」という否定的なことを言ってしまうケースです。**「おまえも無理に決まっている」と、親が子どもの可能性も否定してしまう発言をするのはまったく無意味です。自分がやってもだめだったからという言い方は避けるよう気をつけてください。**

親が自分の経験知を活用する場合は、何か物を選ぶ時や、途中でやめるよりは続けたほうがよかった、勉強はこうやったら自分はうまくいったことがあるといった、成功例のような前向きなものを伝える場合にこそ、親の経験が活《い》きてきます。

**否定的な話をするならば、自分の子どもに経験を置き換えるのではなく、冷静に親自身の話をしてみることです。**

たとえば「数学が苦手であきらめてしまった。でも数学ができていたら第一志望の大学に受かったと思う。あの時、もう少しの頑張りができていればと思うと残念だ」とか、こういうところで失敗してしまったけれどここは気をつけたほうがいいというようなアドバイスを伝授していくことは、子どもにとっても有益です。

**経験のある人の話をきちんと聞く態度を、子どものうちに身につけさせるように話してあげることが重要です。これは子どもが成長する過程で、学校でもアルバイトでも会社でも、さまざまな場面でかならず必要となってくる力です。**

たとえば勉強の仕方がわからなければ、親でも先生でも、聞きにいけばよいのです。そのためには、わからないことがあれば聞きなさいと、「聞く力」を小さい頃から身につけられるよう、親がちゃんと教えてあげなくてはいけません。

今の若者には、人に聞こうとする積極性が不足しています。自分たちの仲間内で相談し、その狭い情報のならで適当に判断するということが多いようです。人に聞くということが恥ずかしいのかもしれませんが、目上の人の経験知を活かせるほうがずっと得をするのです。だからこそ、「聞く力」をまず身につけることです。

社会の中で仕事をしていく、人間関係をうまくやる、結婚をする、子どもを産むといったことについての経験知は、親が断然高い。その社会的な経験知は、友だちのような関係では伝えられないのです。

**子どもが親の話を聞く、親が子どもに教えるという基本的な家庭環境を整えるためには、ルールづくりが必要なこともあります。**

たとえば、親に向かって乱暴な言葉づかいを簡単にした時は早めの対処が必要です。親に向かって「うざい」といった汚い言葉を使わないというルールを決めたら、そのルールは絶対に守らせるように子どもを教育します。

親子の直接的な力関係を示すというよりも、ルールづくりによって、子どもがこれから生きていくうえで大切なことを伝えるんだという、親の凜《りん》とした姿勢、意志を子どもに伝えることが何よりも重要なのです。

# 世間や社会の厳しさを伝えよう

**世間や社会が非常に厳しく冷たい一面があることを教えるのは、親の役割だと思います。**

親子というのはなんだかんだ言っても、子どもをよく見たいし、子どもに期待し、子どものためを思い、自分の財産も子どもに渡していくことを幸せとします。自分の遺伝子、財産、経験知、さまざまなものを子どもに引き継げるようにしてあげたい。突き放さない、見放さないというのが基本的な親のあり方だと思います。

一方、世間や社会は、百積み上げてきた信用でも、たったひとつのミスで手のひらを返すようにそれが無になってしまうことがある。それが親子の間柄であれば、だめだとわかっていながら親が子を許してしまうケースもあるでしょう。

家が港のような静かな避難所だとすれば、社会は荒海なんだということを教える。

子どもの中には学校じたいをすでに荒海のように感じる子もいるかと思います。外の世界にはいじめがあり、冷たい人も、変なことや悪口を言う人もいる、子どもは大きくなるにつれ、そのことを肌で感じ取っていくのです。

**社会人になったら、現実はもっと厳しい風が吹いていて、社会で生き抜くためにも、社会のルールは守らなくてはならないと伝える必要があります。**たとえば、人の嫌がることはしない、約束や時間を守る、自分の与えられた課題はちゃんとこなすなど、信用を得るために努力をすることが社会のルールです。

信用というものが社会ではいかに重要で、信用を獲得する生き方とはどういうものなのか、親も真剣に考えてください。

太宰治《だざいおさむ》の『走れメロス』を親子で音読するのもいい。囚《とら》われの身であったメロスは親友を身代わりにして三日だけ猶予をもらい、妹の結婚式に出かけます。戻ってこなければ親友は殺されてしまう。親友とメロスは心の中で信じあっていますが、幾多の困難の中、メロスは一度くじけそうになります。そのまま走らずだらっと時を過ごし、戻らなければ王様の信用も友人の信用も、そして自分の一生をも失ってしまう。「正義なんてものはくだらない」と言って一度投げ出してしまいますが、水を飲んで復活し、義務遂行の希望が生まれます。「義務を遂行していく」ことが「信用できる人間」へとつながり、それはまた明るい未来へとつながっていきます。

**子どもにもクラス内での友だち関係の中で信用される人間になることが重要だということを、親が伝えていく必要があります。親は一子相伝《いっしそうでん》のように「これを伝授する」というような気分で伝授してみてください。**「まあそこにお座り」と二人で正座して話をします。昔は口で大事な秘儀を伝授しました。世阿弥《ぜあみ》が残した能の理論書『風姿花伝《ふうしかでん》』も一家にひとりだけ口頭で伝えていきました。「他に漏らすなよ。これが厳しい社会を生きていく道なんだから」というように、家を存続させていくには秘伝としてこれを伝えていけというようなものだったのです。社会の荒波の中で生きていくために、親子で家の中でつないでいくのです。

そのような社会の厳しさを伝授するのは、強い存在感を見せる父親の役割でしょう。**父親は、社会とはどのようなもので、いかに信用を培い、働くのかということを語るうえで、家族の中で最もふさわしい立場にあるのです。**

社会の厳しさを伝えて
子どもに伝授する

# 苦手なものを克服させよう

親は客観的な目をもって、ここが足りてない、ここは十分であるという冷静な鏡のような役割を果たすことが大切です。それはけなすことでもなく、過剰に褒めることでもありません。**良い悪いではなく、事実はこうなっていると指摘してあげる。そうすると、事実や現実に向きあえる子どもになっていきます。現実よりも先行して、自信を持つことも大切です。**「自分はテストの点数はそうでもないけれど、本当はできるはず、頭が良いはずだ」という気持ちはすごく大事で、推進力になります。しかし一方では、やはりしっかり現実を認識する目というものも必要です。

ですから、**親が手伝ってあげて子どもの目を育てる。親が子どもの鏡になるのです。**鏡というのは、親がお手本を示すというばかりでなく、客観的な情報を与えてあげるということでもあります。たとえば、授業の中で学生が話す姿をビデオで撮ると、自分が何度も同じ言葉を繰り返していたり、目線が泳いでいたりということが、ビデオを通してはじめてわかるわけです。

**親は褒めるだけではなく、弱点にあたる部分を、子どもをけなさないように「今こうなってるよ」と事実だけを指摘してあげる。さらに弱点部分を「こんなふうに直すと、もうちょっとうまくいくよ」というふうに、落ち着いて指摘する。そうするだけで、じつは苦手なもののほうが、子どもの伸び率が格段に上がります。**

勉強が全般的に苦手だという子がいます。そういう子の場合は、得意なものをまず伸ばして突破するというやり方もありますが、じつは苦手だと思っている教科こそものすごく集中的にやれば、点数がぐんと伸びて自信がつく場合があるのです。

苦手な教科が30点だったのが60～70点に一気に伸びることは十分に可能です。苦手なものを普通に克服していくことで「自分はできる！」という自信がつきます。

元プロ野球選手の高木豊さんの息子さんが三人ともプロのサッカー選手になっていますが高木さんも、苦手な部分や弱点をちゃんと直していけば長所は勝手に伸びると言っています。よく、長所を先に伸ばせばいいと言われますが、そう単純に考えるのではなく、苦手なものに取り組んでそこを直していくことじたいが、人間性の強さにもつながっていくと考えたほうがよいでしょう。

褒める時は拡大して褒めてよいですが、弱点を直そうとする時には、「おまえなんで勉強ができないんだ」「頭が悪いんだ」という表現は決してしないこと。

物事を区切り、広がらないよう限定的に教えてあげることが非常に大事なことです。**指摘した部分が少しでも変化したら、「今、変化したね、良くなってるよ」というかたちで情報をフィードバックする。つまり、繰り返しできる循環をつくる。**客観的な情報をフィードバックしていく回路として親が存在するのです。そうすることで、親子のコミュニケーションが落ち着いたかたちになります。

親が子どもにやってみせたり、具体的に解説することも大切です。「じゃあ、これちょっと見ててね」と過剰に感情を入れず、冷静にやってみせる。演奏の場面でいうと、「今こうなってる」「音が高すぎた」「今の音は低い」というふうに、アドバイスする。親はフィードバックの回路として、非常に重要な存在になるのです。

## 子どもの「意志」を高めるのは親の役割

小さな変化を見つけて
伝えてあげることが大事

# できないことをできるようにする過程が大切

同じことをやってても難なくこなしてしまう子となかなかできない子がいます。たとえば、鉄棒の逆上がり。逆上がりが最初からできる子もいるし、できない子もいます。できない子の場合は、これはむしろチャンスだというふうに考えてください。

というのも、逆上がりが最初からできてしまう場合は、逆上がりからは学ぶものがほとんどありません。運動神経の良い子にとって逆上がりは何も難しくないのです。逆上がりができるというだけでは、そこから何も学ぶことがないわけです。

ところが、逆上がりがうまくできないとなると、それをできるようにするためにものすごくいろいろな工夫が必要になります。蹴《け》り足をどちらにするか、どこで肘《ひじ》を曲げて引きつけるのか、ポイントをひとつずつクリアしていかないとなかなかできません。

一つひとつの壁を
クリアすると上達して
いくことを体感させる

「うまい子はどういうふうにやっているかな」「自分は今どうやっているかちょっとみせて」と、親子で研究する時間をつくってみましょう。肘は今どうなっているか、どのタイミングでやるといいか、A、B、Cのパターンを試行錯誤してみる。「Cパターンが良かったね。このパターンで肘はグッと引いて」という具合に、話しあうことがとても多くなるでしょう。

実際、私も子どもたちを教えていて、運動神経が良くない子を教えた時のほうが互いに得るものが多くありました。運動センスのあまりない子が頑張って技を身につけると、習得したプロセスが後々、運動以外に応用できるのです。

大事なことは、大人になっても、逆上がりがうまいかどうかではありません。数学にしても、大きくなってからはあまり使うことがありません。**逆上がりも数学も同じで、苦手な子ができるようになっていくプロセスこそが貴重な経験なのです。**

上達の普遍的な法則を身につけることが大事。私はそのことをずっと強調してきました。上達にとって大事なことは、普遍的な上達の論理を知ること。上達の絶対的なコツのようなものを何かでつかめば、後はそれを応用していけばよいのです。

## 失敗こそが上達の法則になる

勉強のことでいうと、偏差値40くらいの子を偏差値55〜60台に上げることは可能です。そうすると、伸び率がすごいので、当人が自信を持ちやすいのです。

ですから、**今できないというのはチャンスで、ものすごく自信をつけやすいポジションにいるということです。**

勉強は努力が反映されます。頭の良さなどは、二の次です。**鍛錬《たんれん》によって、できないことができるようになる感覚をしっかり覚えれば、後は大丈夫です。**冷静に何と何が課題だということを落ち着いて考えましょう。

スポーツでも試合に負けた時こそ絶好のチャンスなのです。一回戦負けしたとか、あるいは大失敗したなどという時は、これからどうしようかということをまず紙に箇条書きでもよいので、書き出してみましょう。

**箇条書きにして冷静に対処するということが大事です。**時には「こんなことじゃダメだろう！」と子どもに活を入れることがあってもよいでしょう。しかしその後に、冷静にどこがだめだったのか、だめだったポイントを挙げて、一緒に考えてあげること、きちんとフォローしてあげることが大切です。

きつく言うかどうかは、子どもの「向き不向き」にもよります。臨機応変に、子どもへの接し方もちょっとずつ修正します。

バスケットボールを題材にした漫画『スラムダンク』でも、コーチが生徒の扱い方を間違えて、チームのひとりがグレちゃうという話が出てきます。監督が才能のある仙道君には強く言ってもよいけれど、フクちゃんという子には同じように言ってはだめだったんだと気づく場面があります。

兄弟についてもよくある話で、上の子と下の子でもちょっとタイプが違いますね。対応に注意を払う必要がありますが、**基本的には失敗した時、状態が悪い時こそ、上達するチャンスだということは強調しておきたいと思います。**

反省、見直しをすることで
弱点の発見、克服につながる

## ナンバーワンを目指せば世界は広がる！

子どもを成功に導くためには、次のようなやり方もあります。

それは、「一番を目指せ」という方法です。

ナンバーワンでなくてもいい、オンリーワンでいいという社会の空気がなんとなく広まっていますが、「オンリーワン」のほうは、考えてみれば普通にしていてもオンリーワンなのかもしれません。

もしかすると、ナンバーワンを目指すかたちでこそ、オンリーワンになれるということも、ジャンルによってはあるでしょう。たとえば算数ができないという時はオンリーワンでも何でもない。これはただ算数ができないというだけです。

ところが、ピアノでも、ある程度できるようになって、上を目指せば目指すほどその世界でオンリーワンになっていきます。

**じつはオンリーワンになるためには、ある程度ナンバーワンを目指して努力しないといけないのではないかと思います。**結果がナンバーワンかどうかはわかりませんが、ナンバーワンを目指すことによって、オンリーワンの技が磨かれていきます。

プロの世界では、オンリーワンの技を持たないとその世界で生きていけません。デザイナーになるといっても、何かオンリーワンのものを持たないと生きていけない。それにはナンバーワンになるという目標と似た努力が必要になります。

だから、普通の人が思うようなナンバーワンかオンリーワンかどちらを選ぶかという構造に社会はなっていないのです。

**少なくともプロでやっていくということになった時に、自分の持ち味を出さなければ、その道で生きてゆくことはできません。そのための努力は、ナンバーワンを目指すことと、やはり変わらないものなのです。**

生き残るためには、どうしたらよいかということを、子どもの頃から真剣に考えさせておく。サバイバル感覚みたいなものを子どもの頃に身につけさせるのはひとつの練習です。子どもが将来、職業を真剣に考えるようになるための重要な訓練です。ただし、子どもにナンバーワンを目指せと直接的に伝えるとプレッシャーを与えてしまうだけになってしまうので、注意が必要です。

子どものタイプを知ることが、まずポイントになってきます。

サッカーの本田圭佑選手の父親は「やるなら一番になれ」と言ったそうです。後は細かいことを言わなかったそうです。子どもの頃の本田選手は、何をやっても一番になろうとしてそれが癖になり、今にいたったそうです。サッカーで一番になるということは大変なことですが、そうやってひとつのものに抜きん出ると、人生の中でもものすごい自信となって、ほかのことでもうまくいくということがあります。

子どもが学校で「走ること」が一番になったとします。「走る」ことが将来どんな役に立つのかと考えた時に、どうでもいいと言ってしまえば、物事はそこで終わってしまいます。

私の小学校の時の話をしましょう。クラスの中で勉強でも運動でも目立たない子どもがいました。ある時に折り紙をやらせるととんでもなくうまいのです。その子は折り紙ブームもあってとても尊敬されました。書道はクラスで一番うまい、ある

ナンバーワン
になれるものを
イメージする
ことが大切

いは水泳だけとか、クラスは小さい集まりですが、その中で一番になるというのはとても気分が良いものです。

**何でもよいので、一番になるという感覚をもつと、ほかのことにも自信がもてるため、その後、子どもはぐんぐんいろんなことを伸ばしていく可能性が出てきます。**

勉強に関しては、トップになるとそこから落ちてしまう不安も出てきますが、一度、一番をとるとその後五番や十番になってしまっても、自分は一番になることができるという自信もやる気も、その子にはしっかりと残るのです。

決定的な自信は、一番になった時にこそ得られるものなのです。

一番を目指した結果、それが実現しなくてもかまいません。教育は、企業とは違って結果がすべてではありません。**プロセスで成長すること。この成長を親がきちんと見つけてあげることが、最大のポイントです。**

## 子どもの性質を見極めることも大切

難関中学に入学した時は天才のようだったのに、その後、集団の中で下の一割にずっといることで、モチベーションが上がらなくなってしまうことがあります。その子がもし難関中学校に落ち公立の中学校に行ったとしたら、その中学校では非常にできるでしょう。そうするとモチベーションも上がり、さらにできるようになるかもしれません。結果はそのほうがいいかもしれないということもありえます。

ここの見極めは難しいところです。成績が真ん中あたりの子というのは、すごくできるところへ行っても真ん中をキープしてしまいます。学力の水準が低い学校や普通の学校に行っても真ん中をキープするのだったら、それはできるところへ行ったほうがいいわけです。

そう考えると、基本はできるところに行くほうがよいはずですが、**その子の性質**

**を個別に見極めて、判断してあげなくてはなりません。**

親があまり一番をとらなきゃ承知しないということばかり言っているのは、あまりよい風景ではないですが、上を目指す気持ち、つまり向上心がないと子どもの純粋な生まれつきの気質にのみ頼ることにもなってしまいます。

生まれつきの気質で伸びていく子どももたしかにいます。そういう子の親はできるだけ干渉しないほうが子どもは育つんだと言うでしょう。しかし、そういう子は子ども全体の1％以下なのではないかと思います。

**放っておけば育つという言葉を信用するのは、リスクが高すぎるのです。**生まれつき自分で勉強をし、自分で上達する方法を、自分自身で見つけられる子どもはいますが、そういう子は本当に才能がある子なので、そういう子が育って大人になり、子育てを同じようにすればいいと言ったとしたら、それはあまりに無責任な話です。

私自身は、家族の中での無言の圧力のようなものが、結果的には子どもの学力を伸ばすという考えを持っています。**親として子どもの教育に積極的に関わることで、子どもの学力の伸びは、やはり大きく変わってくるからです。**

## 大切なのは学力を高めること

職業選択においても実際問題として、大学で比較してみると就職先が広範囲で選ぶことができる大学と、あるレベル以上の企業には、最初からほとんど望んでも選択できない大学と、その差は歴然としています。

さらにその下の大学になると、就職さえも難しくなるわけです。今、大学生の卒業後の就職率は60％くらいに落ちてしまっています。４割は新卒では就職できていません。大学の水準によって、就職率には差があります。

**その現実を無視して「学歴なんて関係ない」と言い切ることが、本当に子どものためなのかと真剣に考えてみてください。**

家の方針として、自分の子どもを職人にさせるというのは今の時代幸せなことです。親が職人で子どもも職人になるというのは恵まれた家庭なのです。あるいは商売をしていてそれを継ぐというのは、普通のサラリーマン家庭に比べて有利です。

しかし、現在は勤め人が多く、普通は親の職業を遺産として引き継げないことが基本です。

たとえば私の家の場合、私は個人的に努力して学者という職業に就いていますので、おいそれと子どもに引き継げるものではありません。ですから子どもは一からやらなければいけないのです。一からやらなければいけない時に何をあげられるかと親の立場で考えてみると、やはり教育しかないのです。

**学歴という言葉を使うと蔑視《べっし》されたり批判されたりしますが、学歴があるということは選択肢を広げることにつながります。**それを軽視することは絶対にしてほしくないと私は考えています。

たとえば大学を卒業しているのに、大学なんか行っても、別にたいしたことなかったなどと言わないで、やはりそこは選択肢も広がるし、いいところだったというふうに親は子どもに言ってあげてほしいのです。

福沢諭吉は『学問のすゝめ』の中で、学ぶか学ばないかで、人の価値は決まると言っています。『学問のすゝめ』はぜひ親子で音読してほしい本です。

**親の思考は子どもに反映されます。**

家族が協力的だと、だんだん子どもの中に、その家の価値観ができあがってくるのです。

難関大学に行くには、厳しい受験勉強が必要ですので、家全体で気力を支える必要があります。

**家族全体に「頑張ってできるかぎりの勉強はしてみよう」という志向があり、家族全員が同じ方向に向かって支えることで、子どもの気力が持続します。**

そのように考えると、親が「なんとなくこの辺でいいや」という志向でいるとだいたい子どもはそこに収まってしまうように感じます。

たとえば、超一流、一流、二流、三流があったとしたら、三流に現在いる人は二流ぐらいに行ければいいと思いがちです。親が二流を目指せば子どもも同じく二流を目指してしまいます。そもそも目指さないところには人は行けないものです。

**受験勉強というものは、持って生まれた素材だけで決まる人は多くいません。「自**

**分の居場所」をどこに置くかで決まってくるのです。**自分の居場所は二流ではなくて、一流、超一流が居場所だと思い込める子は、それだけ努力するわけです。家族全体ももちろん、そういう雰囲気の圧力を子どもにかけます。

**親のプレッシャーのかけ方によっては、子どもの精神状態に負担をかけるという厳しい面もあるので、そのかけ方は、子どもの気質や向き不向きを見ながら、慎重に考えていく必要があります。**

圧力をかけてつぶれちゃいそうだとか、勉強に親しめないという子はそういう方法は向いていないので、ほかのことを考えなければいけないわけです。

基本的には、向上心をつけさせるような家庭内の雰囲気づくりが大切です。

そして、それを維持していくこと。

そうしていかないとどうなるかというと、高校卒業時に選ぶ仕事、選ぶ大学が限られてしまいます。高校卒業の時点で道が限定されてしまいます。

あたかも自由に子どもにいいように育てたはずなのに、学力軽視が子どもの手足をしばってしまうということがありうるのです。

## 社会のしくみから逆算して考える習慣づくりを

学歴を軽視して、就職して20代、30代、40代と30年間努力しても、結局高い地位に上りつめられません。

では、学歴路線にうまく乗れた子はどうなるのでしょうか。

ある架空の子の例です。小さい頃からこつこつ勉強し、一流大学に入りました。さらに大学時代、みんなが遊んでいるなか、こつこつと勉強して、一流の大手銀行に就職が決まります。入社してこつこつ努力しますが50歳で出向することになりました。出向先では役員待遇の席が待っていました。

さて、今の例は年齢が50歳ぐらいになるとサラリーマンにとってはよくある話です。こう聞くと努力しても結局は出向させられてしまうんだ、結末は悲しいではないかと言われるかもしれません。しかし、果たしてそうでしょうか。

出向した子会社では元から頑張って努力しつづけてきた人がいるのです。しかしその上に突如本社から役員待遇で来てしまう。出向するところでは、一から出直すわけではありません。出向といっても役員なのでかなりいいポジションなのです。本社と子会社という会社の威力関係があるので、こういうことが起こりうるのです。大手グループ企業などでも起こりうる話です。

そうすると会社の中でも核となるグループに入っておくと、先行きが明るくなります。なぜそのグループの核に入れたのかというと、実力で途中から入ったわけではありません。大半は新卒で入り、35歳までにある程度実績を上げたことで評価が決まっていきます。

こうやって日本では、ほとんどが大学の新卒の時に就職先が決まります。

**つまり新卒の時に、これから始まる社会人としての生活の道筋がだいたい見えてきてしまうということです。**

30代で転職し、新たな世界で一からやり直すというのはまれだと思います。30歳で転職してしまうと、その後の出世がほかの人よりも遅れてしまいます。

現実に大学の新卒時にすべてが決まるという矛盾があるのです。

社会的に何にも能力を証明していないのに、そこで保証されてしまう人と何の保証もなく放り出されてしまう人がいるのが現実社会なのです。

要するに、官僚の世界だけでなく、ノンキャリアとキャリアの矛盾が社会には常に存在しているのです。

具体的には勉強したキャリア組のほうが、経験知が少なくても年下でも上に立つということが現実にあります。

キャリアなんてならずにノンキャリアのたたき上げでいいんだという考え方もあるかと思いますが、社会の現実として、そういう構造になっていることは知っておく必要があるでしょう。

社会はそういう矛盾した社会であっても急には変えることはできません。

もちろん今は学歴を見ないで採用するという企業もあります。しかし、学歴を見なくてもこつこつ勉強をしてきて、大学できちんと授業を受けてきた学生はおのずと力が身についていて、採用時にもそれがわかるものです。

結果、いわゆる世間の学歴でいわれる大学の序列というのが就職できる大学の序列にも統計的に表れています。

私は、明治大学で教えているので、東京大学にいた自分の就職時の状況と比べると、学生の就職がものすごく心配になります。20年間、大学生の就職の心配をしてきました。学生の就職を心配しつづけているので親心が染みついてしまったようです。やっぱり、厳しいんだと、毎年現実を受け止めざるをえないのです。

**「就職は厳しいものだ」ということを、小学生の子どもに、親がはっきり意識させておいてよいのではないかと思います。**

デザイナー、美容師、とび職など技術を必要とされるいろいろな仕事があります。そういう手に職をつけたいと思う子ならば、また別の進学方法があります。

しかし、明確な将来の希望がない場合というのは、普通の会社に就職していくわけです。その就職の厳しさを見ているとやはり勉強をするかしないかで、決定的に人生が変わってくるのです。ですから学力軽視は危険なことなのです。「学力」というのは、勉強さえすれば自然に身についてくるものです。やればやるだけ頭が良くなります。

**私はどんな科目の勉強でも、勉強はする価値があるものだと思っています。**

勉強することが一番頭を良くします。しかし、このことについては、あんまり世間がわかっていません。「頭のいい人だから勉強ができる」というのは間違いです。現実問題、中学以降の勉強というのは、やらなければどれだけ元の頭が良くても、できるということはありえないのです。中学以降の英語、数学なども勉強しなければまったくできないはずです。

勉強をやっていると次第に頭が良くなってきます。**とりわけ、しっかりとした受験勉強をすると頭が鍛えられます。**だんだんにミスが少ない頭、あるいは段取りよく考えられる頭、要約できる頭になっていくのです。

大学受験は受験勉強の中でも特に鍛えられます。良い頭をつくるためにも、大学を落ちたとしても、勉強をしたことは決して無駄にはならないものです。

## 携帯電話・パソコンに潜む危険から子どもを守ろう

アメリカでの話ですが、裁判で親権を争う時に「子どもの友だちの名前を何人言えますか？」と父親が聞かれたそうです。その父親はほとんど言えなかったそうです。それで、裁判で親権が与えられなかったという話を以前に聞いたことがあります。

**親子関係の中で友だちについての会話ができているというのは大事なことです。親の友人たちも家に呼んで、交友関係を見せるということもいいでしょう。**親の友だち関係にも慣れさせておくのです。**親と子が、お互いの友だち関係を知っているってということが重要です。**子どもの交友関係をまったく把握できないとなると、親のコントロールがきかないような状態になってしまうので非常に危険なことにつながる可能性があるからです。

都会だとつきあう友だちによってはより危険なことになります。

女の子については男の子以上に危険だと思っています。

男女で比べると、かつては男の子が不良になることへの心配な時代がありました。今では、暴走族や不良になっていく傾向よりも、割とおとなしめの普通の感覚の子が増えてきているように思います。

むしろ、女の子のほうが今の時代、危険にさらされている場合が多いのです。携帯電話でもいろいろな情報が入ってきます。たとえば中学生、高校生が売春していたという事件は時々ニュースで耳にします。

女の子の場合は、中学生・高校生が性的な価値を持っているので標的になってしまうのです。男の子はそういう面では価値がないので狙う人も少ない。女の子の場合は小学校高学年から対象とされてしまうので、2万や3万のお金でもつられて、性的なマーケットに踏み込んでしまうということがありえます。

かつて私が育った30、40年前の感覚では考えられないほど、子どもの犯罪に対する意識がゆるくなってしまっています。私が中学生や高校生の頃は、そういう援助交際のような売春をしている率は大変低く、そうした危険も高くありませんでした。

まだ幼児を育てているお父さんお母さんにとっては先のことのようですが、**子どもの将来を考えて、インターネットの危険性は注意してもしすぎることはないと思います。**なぜなら、今の時代、ケータイを一個持っているだけで、簡単に見知らぬ大人から誘惑されることがあるからです。売春のように犯罪までいかなくとも、軽い誘いがいくらでも存在しているのです。

**携帯、インターネットは常に危険性をはらんでいるので、親はある程度ブロックすることが必要です。**インターネットでいうと、危険なサイトがたくさんあります。自殺サイトやアダルト画像、死体の画像まで見られる、とんでもない地獄の入口が口を開けて待っているかのようにひどいサイトがたくさんあります。さらにこういうひどいサイトに簡単にアクセスできてしまいます。

**パソコンはリビングにひとつだけ置くようにして閲覧履歴を見られるようにしておくとよいでしょう。携帯もブロックがかけられるので、携帯を持たせるにしても、ある程度そういう厳しい条件の中で持たせるようにしてください。**携帯やインターネットも厳しく管理しないと精神的な悪影響も受けます。徹底してそういうものか

インターネットは危険な世界
だという認識を強くもつこと

らブロックして子どもを守るしかないのです。

**特に女の子の場合、ブロックしておかないと、親が気づかないうちに取り返しのつかない事態に陥っていることがありえます。**性的な問題、お金がらみの問題については日ごろから親は緊張感を持っていてほしい。子どものお金の動きからもだいたい推測がつくはずです。子どもが持っているはずのない金額を持っているとか、高価なものを買っているとか、身の回りのものが増えているかに目を配り、お金の流れは親が管理しておくことが大切です。

インターネットは上手に使えば、すばらしいものです。使い方を親が工夫してあげてください。

# 子どもの「体」を鍛える習慣をつくろう

## 温かい体が家族のふれあいを育む

昭和の時代には冬になるとコタツをどこの家庭でも出していました。コタツは心地よさにだらしなくなるという悪い面もありますが、みんなが近寄って温まると心が落ち着くものです。

温かい体がふれあうと心も近くなる感じがします。子どもが小さい頃ならお風呂にいっしょに入るというのも大切なことです。

**いっしょに暖かいお布団で寝て、お話をしてあげるというのもいいでしょう。温かさというものを共有するのもひとつのコミュニケーションの基本です。**

原始時代には体を温めるというのはすごく重要な課題でした。生きるために体を温めるというのは非常に重要で、そのためにみんなで集まって洞穴に入ったり、火を燃やして暖まる努力をしていました。

人間が集まっていっしょにいるというのは本能的な欲求です。小さい子や犬は本能的にサッと近づいて互いに温めあうようなことをしますが、生存を守るために本来人間にもそういう本能が備わっているのでしょう。だんだん子どもが成長するにしたがってちょっとずつ親子の距離は離れていきますが、その温かさを経験しておくということは大切なことなのです。

**体が温かいということと心の反応が敏感であるというのは、体と心がつながっている証拠です。**

**冷たい体と暖かい体というのは、反応のよくない体と反応のよい体ともいえます。**冷えた教室とか、冷えた子どもたち、学生が冷えているという表現をすることがありますが、それは反応が良くないということです。

私の例を挙げれば、学生とのやりとりの中でこちらが何か発言したとして、たいして面白くもない冗談だったとしても適当に笑ってくれると、場が和《なご》み、その場の温かさが増してきます。あるいはこちらが言ったことに対して何かしらの反応をしてくれるとだんだんと温まってくるものなのです。

ところが反応がないと、完全に冷えてしまいます。

たとえば、田舎に行くと知らない人でも「どうも」とお辞儀をしたりすることがあります。そんな時、田舎はまだ人が「温かいね」という表現をします。それに比べ、都会はいっしょのエレベーターに乗ったとしても、あいさつがない。都会は人の関係が「冷たい」とよくいわれるゆえんです。

都会のこの冷たさというのは恐ろしいことだと思っています。目の前で子どもが道路に飛び出しそうな危ない場面でも、体を動かして「危ないよ」とサッと止めてくれる大人ばかりではないのが現状です。私はそういう面を感じると「日本人の体が冷えてきているな」と感じます。

## 「レスポンスできる身体」をつくろう

私は「反応できる子ども」「体が反応できる人」を「レスポンスできる身体」と呼んでいます。応答できる、反応できる身体をつくるのは非常に大事なことです。どうやって人との「絆」をつくるかと考えた時に、最初は身体で「反応できること」ではないかと思います。たとえば相手がちょっとにこやかにしたらこちらもにこやかに応対する。**相手が何か言ったらすぐに「目を見る・ほほえむ・うなずく・あいづちを打つ」の４つの反応が大切です。**それに加えて、「質問力」や「コメント力」というものを向上させていくと、たいていのコミュニケーションはうまくいくはずです。ところがなかなかいっぺんにこれができる人ばかりではありません。

自然と身につけばいいですが、コミュニケーションがうまくとれない子の場合は練習をしてみるのもいいでしょう。

話しながら親がまず、２秒くらい子どもの目を見ます。そして親のほうからほほえむ。適度なところで、「そうそう」とうなずいたり、「そういうの、あるよね」という感じで首を動かしたりして同調してみましょう。子どもにも同じように『そうそう』と思うところがあったらうなずいてみてね」と体の動きをうながしてみましょう。はじめは不自然でも、次第に体が慣れて自然と意識しないでも反応ができる体になっていきます。

基本の４つを押さえて、お互いに反応しあえる身体にしていきましょう。

反応がないという状態を放置すると、どんどん人間関係は冷えていきます。反応するということがとても大事なんだということを親子関係でも徹底して、意識して生活してみましょう。

目を見てほほえみ、
うなずき、あいづちを
打つと子どもの反応
が確認しやすい
そうでしょ!

# 落語やお笑いで「コメント力」を育てよう

落語やお笑い番組を見て、笑いを共有するのは楽しいことです。言葉のセンスや会話の力を育てます。

テレビのバラエティ番組はかならずしも子育てで推奨できるものばかりではありませんが、バラエティ番組には面白いものがたくさんあります。バラエティ番組は、芸人さんがどういうふうにその場の流れを読み取り、コメントするかが求められていて、その受け答えのやりとりで芸人さんの面白さが決まってきます。視聴者にもとてもわかりやすいかたちになっています。

「コメント力」という視点で見ていくと、「こういうところでこういうふうに言うんだ」「こういうふうに受け取るんだ」「こういうことに気づいている」と発見があり、会話のやりとりに役立つ部分が多々あります。

漫才やお笑い番組などを見ることで
その場の空気を読む力が見える

きちんと文脈を理解して発言している人、わざと話をずらしてボケる人など、会話の妙を笑いとともに学習できる面が多々あるのです。

ですから子どもと笑いを共有する時間をぜひ持ってください。たとえばテレビを見ていて、**面白いと親子で感じたら、それぞれの面白いという感覚について少し話をしてみましょう。「面白いと思う感覚はなんだろう」とお互い話をしてみるのです。**笑いのセンスを共有したり、あるいは面白さを感じたりする違いみたいなものを話すのは楽しいことです。

子どもといっしょに単純に笑える番組があったら貴重なことです。私が小さい頃には「8時だョ！全員集合」という番組がありました。家族みんなが笑っている楽しみな時間でした。今も、家族で楽しむことができるバラエティ番組はたくさんあります。いっしょに笑うことができる親子というのはよい関係性につながります。

一週間のうちに家族みんなで笑いあう時間がどのくらいあるでしょうか。考えてみるといっしょに笑うことがない家族もいるのではないでしょうか。

いっしょに笑えるものを探し、時間をつくってみてください。

## 子どもの成長にあわせたスキンシップのはかり方

**脳と肌は直結していて、ふれあうことが非常に重要だという研究が進んでいます。感覚的にも、ぎゅっと抱きしめられたりすると安心感があります。** 根源的な安心感は、体を通して与えられるもので、言葉でいくら「おまえのことが好きだよ、愛しているよ」と言っても、体が拒否していれば意味がありません。専門的な言葉でいう「ダブルバインド」の状況になってしまいます。「ダブルバインド」とは「二重拘束」と訳されますが、言葉で言っているメッセージと体で発しているメッセージが矛盾しているということです。大人がそういう矛盾した行動をとると、子どもは混乱してしまいます。「好きだよ」と口で言っているわりには抱きしめてくれなかったり、言葉にしていても表情が非常に冷たいと、すぐに感じ取って混乱してしまうのです。スキンシップをして、親の気持ちを伝えておくことが大切です。

【0歳から3歳までのスキンシップの仕方】

0歳、1歳、2歳、3歳の幼児は、スキンシップを多くすることが将来の心の安定をはかるためには必要不可欠です。**子どもを抱えながら、絵本を読んであげるなど、体がふれるような遊びをいっしょにするのもよいでしょう。**小さいうちだからこそ、たくさん抱きしめて、親の思いを伝えておくことが大切です。

## 【小学生4年生までのスキンシップの仕方】

ぎゅっと抱きしめることができるのは、子どもが小学校4年生くらいまでです。何か機会があるごとにやってあげるとよいでしょう。それ以上大きくなると、子ども自身に恥ずかしさが出てくるかもしれません。お父さんだったら、子どもをおんぶしてあげたり、肩車をしてあげる。何かの機会に体の接触をできるだけ多くしていくとよいでしょう。**「おんぶ」というのは小学校低学年ぐらいまでで、信頼関係をつくる根底になっていく大切なスキンシップです。**

## 【小学5年生から中学生のスキンシップの仕方】

ストレッチをいっしょにしてみましょう。たとえば開脚して背中を押してあげる。「痛くない？」と声をかけながらやってみましょう。マッサージとかストレッチのほかに、体操は私自身も子どもとよくやりました。**二人一組になってやる体操などは自然に体がふれあうことに慣れていくのでよい方法です。**

大きくなってしまったら、スキンシップができないのかといえば、そうではありません。高校生や大学生の子でも、体をさわるということはあります。ある程度、子どもが大きくなってしまってからも、体の接触には意味があります。

たとえば肩を揉《も》む。肩こりというのは親もあるし、子どももあります。肩をほぐすことは家でもよくやっています。

あるいは何かあった時、うまくいった時にパンと軽くハイタッチをする。「なでしこジャパンが優勝した！」といった時に、テレビを見ながらハイタッチをする。ちなみに、家では優勝した時には子どもたちと思わず、男三人で抱きあってしまいました。

**肩揉みやハイタッチをするだけでも、子どもとの気持ちはつながっていきます。**

スポーツを見ていても、選手たちがうまくいった時に片手でハイタッチしたり、握りこぶし同士をコンコンと合わせたりしています。そういうことは案外大切なことで、連帯感を生むのです。

スポーツ選手のように、さりげなくできるようにしておくことが大事です。

最近では、体がふれあうことに慣れていない子どもが増えてきています。

子どもの数が減ったこともその原因のひとつでしょう。

子どもはかつて、騎馬戦や押しくらまんじゅうなど、みんなで体がふれあう遊びをしていました。かつての遊びはだいたい体がふれあうような遊びだったのです。

体のふれあう機会が減ったぶん、親子でその機会を増やしていくとよいでしょう。

# 子どもの身体感覚を高める上手な褒め方とは？

「自信のある子に育てる」というのは非常に大事なことです。言い換えれば「自信を持てるように育てる」ということです。

**なぜ、大切かというと、「自分は大切な存在なんだ」という自己肯定力や「自分は大丈夫だ」という気持ちが生きていくうえでの推進力になっているからです。**

では、自信を持てるように育てるとはどのようにすればいいのでしょうか。

「褒めて育てる」ことは大切だと一般的によくいわれます。たしかに褒めることは大切で効果があります。しかし、その褒め方にはコツが必要です。**子どもは褒められたところは「親に認定された」というかたちで受け止めます。**そして褒められた部分は「もう大丈夫だ」と捉《とら》えますから、子どもはある部分でうまくいった時に褒められると、「ああそれを繰り返せばいいんだ」と思うようになります。

子ども自身はどうすれば評価されるのか、その褒められたポイントを感じ取るので、親がどこを褒めるのかというのは大事なところです。子育てや教育に造詣《ぞうけい》が深く、人間観察に優れていた整体の指導者である野口晴哉《のぐちはるちか》さんは、「おまえの部屋はきれいだね」って言うと部屋をきれいに掃除することが続かないといいます。「きれい好きだね」と言うと、自分は本来「きれいにすることが好きなんだ」「片づけが好きなんだ」というふうに思えてくるというのです。野口さんのように、**その子のどこを伸ばしていくかを考え、どこのポイントを褒めるのかが大事になります。そして、それをその子のあたかも性質と感じさせるようにするのです。**

たとえば音楽がちょっとできたとしたら、拡大して、「音楽のセンスがいい」とか、言い方を広げてあげる。そうすると、自分がちょっとうまくいったことが大きく感じられて、そのこと全体に自信を持つようになります。ある教科がひとつだけ得意だとしたら、ひとつだけでも「ああ、勉強が得意なんだね」っていうふうにちょっと広げて考え、子どもに言ってあげる。そういうふうにすると、「褒めて育てる」ことができるのです。

子どもの小さな変化に気づいて
あげることが褒めることの第一歩

褒め方の具体的なコツとしては、ほかの子と比べるのではなく、その子の中での比較をするというのがいいと思います。というのは、音楽でも運動でも、いろいろなことにおいて個人の才能というのがやはりあって、差がつきやすいものです。最初から上手にできてしまう子も結構いるので、そういう子と比べてもあまり益はないわけです。

私が子どもに卓球を教える時の例を挙げましょう。まず同じようなコースにずっと打ちつづけます。すると10回のうち1回くらい、「あっ、それ、今のいい!」という球が子どもから返ってきます。それを褒めてあげる。すると、「あっこれがいいんだ」と子どもは感覚的にわかります。**子どもは自分の体験の中で褒められるのでわかりやすいのです。**他の子との比較だと自分にないものを指摘されるので、自分でその感覚が確認できないわけです。

自分の体験から良いところを繰り返していけば、10回中1回だったものが3回、7回、10回と、上手にできるようになったら次のステップへと良いところを増やしていけるのです。その過程で自然に、子どもは自信が持てるようになっていきます。

# 子どものいじめや訴えに気づくコツ

**子どもには、ゆっくりしゃべるということでしか表現できないケースが少なくありません。**たとえば、誰かからいじめを受けている時。誰からどんなかたちのいじめを受けて嫌だと思っていると、家族にはっきりと言えるような子は、比較的いじめに遭いにくいのです。うまく言えないからこそ、いじめに遭っている場合があります。はじめは悪ふざけみたいなかたちで進行していて、当人もいじめとはっきり言い切れないようなケースもあるでしょう。本人は心の中で不快に思っていることがあるはずですから、親は丁寧に子どもに聞いていくことが大切です。

子どももやはり自尊心があるので、自分がいじめられているとはなかなか言いにくいのです。また、「いじめ」という言葉を使うと、いじめられている弱い自分ということになってしまうので、「嫌なことを言われたりしてないか?」「ゲームなどをする時に外されたり、順番に入れてもらえなかったりすることはある？」と具体的な質問をして、さっと親が感じ取るようにすることが大切です。

**子どもの心を救うためにも、親に向かって不安や不満というものを吐き出せるよう、日ごろから子どもの話を聞くことが重要です。繰り返しコミュニケーションをとることで、吐き出せる回路というものはできていくのです。**

**子どもは無言で訴えていることがあります。**親はその子のボディランゲージを読み取る力をつけていくことが重要です。

お母さんの場合、ある程度自然に身についている部分もあります。0〜2歳の幼児は、言葉を的確にしゃべることができません。むずがって泣いたりすることで、お母さんに訴えようとします。お母さんはその子の様子から、「これは眠いけれどもうまく寝れないんだな」と感じ取り、ちょっと涼しくしようといって、扇《あお》いであげるといった対応をするわけです。

少し大きくなるとわかりにくくなるように思えますが、よくよく子どもを見ていると、いつもと違う点がわかるはずです。**子どもは全部が全部、言葉で表現するわ**

子どもの表情やしぐさにおかしな
ところがないか気をつけよう

**けではないので、むずがったり、会話が少なくなったり、笑顔が少なくなるなど、いろいろなかたちで表現しています。**

こちらから子どもに声をかけていくことが大事です。いつも同じように声をかけていれば、さらに小さな変化がわかるでしょう。たとえば「おかえり、今日は何か学校で面白いことがあった？」と聞くと、嬉しいことがあれば子どもは喜んで話をしてきます。しかし、返事がない時には何か変化が起こっているのかもしれません。

## 子どもの身体コミュニケーションに敏感になろう

子どもの表情をよく見てみると、体で表現していることが多いことに気づかされます。表情が若干暗いなとか、黙ってさっと部屋に行こうとするなど、そんないつもと違う行動や表情が見られたら、何か親に言いにくいけれども、不安なこと、心配ごとがあるのかもしれません。

親は言葉でのコミュニケーションだけではなく、子どもの体の表現に敏感になるようにしてほしいと思います。

たとえば食事の仕方は普段どのような様子なのか。

普段よりも食事時間が短くなっているとか、あるいは全然話をしないとか、毎日見ているとその時々で変化を感じるはずです。**食事時間は子どもの無言の訴えを感じ取る良い機会なのです。**子どもにひとりで食事させてしまいますと、貴重な時間を逃すことになります。

現代では両親ともに働いている家庭もあり、親以外の人と食事を子どもがしなければならないこともあるかもしれません。しかし、両親のどちらか一方がいる場合は、食卓にいっしょに座ってみてください。**子どもだけが食べなければいけない場合でも、近くでなんとなく話をしながらいっしょにいると、子どもの食べる格好や話し方などからサインが感じ取れるかと思います。**

ここで、わかりやすい例として犬の例を挙げます。犬と人間を同じにすることはできないのですが、言葉のしゃべれない犬にもサインがあります。

私は犬を飼っていますが、その日の感じを犬は体で表現しています。体だけではなく、吠《ほ》え方も変えて表現しています。えさが欲しいのか、散歩に行きたいのか、甘えているのか、など5種類、10種類と、よく聞けば吠え方がそれぞれ違うのです。聞き分ける耳さえあれば、鳴き方の違いがわかります。ところが、それを聞き分ける耳がなかったら、やたら吠える犬だということで終わってしまうのです。

私が今飼っている犬を紹介してくれた方は、「犬に無駄吠えはない」と言います。

子どものメッセージを見逃さず
聞き取り、見分けることが必要

「犬の訴えを聞いてあげられてないだけなんだ」と言うのです。犬を飼う時に最初に教えてもらったことです。犬の鳴き声をよく聞いてみると「お散歩に行きたかったんだね」「甘えたかったんだね」とわかるようになっていきました。そしてこちらが答えてやると、吠える回数自体も減ってきたのです。子どものサインというのも聞き取るという点では同じことではないかと思います。

**親子のコミュニケーションは、子どものサインを見逃さずに受け取り、ゆるやかにこちらからアドバイスをしたりしながら修正を加えていくという繰り返しだと思います。**

**子どものサインを「聞き取る」「見分ける」のが子どもを理解するための鍵《かぎ》です。**

# 習慣づくりで心身を整える

心の整え方はいくつかありますが、なかでも非常に良いのは、習慣を整えてしまうこと、体の習慣を持つことです。

行動が整ってしまうと、ある程度以上は子どもの心が外れていかないように思います。

ですから、つい靴はそろえてしまうとか、お風呂も何も言わなくても毎日洗うなど習慣化され、一日のうちで1回でも2回でもそういうリズムができていることが、心を整える効果につながってきます。

子どもに初めておつかいをさせるというテレビ番組が長く続くのは、子どもが責任感を感じて一生懸命やろうとすることに大人が感動させられるからでしょう。小さな子は途中で忘れてしまうこともありますが、それなりにやろうと頑張るのです。

親は子どもに何が任せられるかを考え、任せられる仕事を増やしていくことがいいでしょう。留守番や連絡だけでもいいのです。

「できたね」と言えることがらを増やしてあげることで、必要とされている自分を認識します。

**習慣化することで自分の役割を認識し、責任感を持ち、心が整えられていくのです。これはいずれ子どもの自立にもつながっていきます。**

体を動かす習慣を
身につけると自然と
心が整っていく

# 子どもの不満をガス抜きしてあげるコツ

子どもの中には突然爆発してしまう子がいます。自分の気持ちを表現できるようなコミュニケーション力がないと、親や他人に対して、不満がどんどん溜《たま》まってきて突発的な行動に走ってしまうことがあるのです。

こうならないように、できるだけ親が子どもの状態を知り、何に不満があるかということを小出しにさせて、聞き出しておくことが肝心です。

普通に子どもに漠然と「最近どう？」と聞いても、すぐには返事が返ってこないことも多いでしょう。

ですので、具体例を挙げて、「こんなことはない？」と聞いてみます。

もしくは学校の先生の話だったら「今の先生は優しい？　それとも怖い感じ？」とどちらか答えられるかたちで聞いてあげます。そうすると子どもも、「どちらかというと、今の先生は優しい感じかな」と少し答えやすくなるでしょう。**親が具体的に話のポイントを挙げてあげることが大切です。**そういうかたちで何度か質問を繰り返していくと、少しずつ子どもの不満などがはっきり見えてくるのではないかと思います。

ここで、注意してほしい点があります。

**不満というのは、子ども自身もはっきり言語化できないものなのです。子どもに答えやすい質問をするということは大切ですが、聞き出したいがために矢継ぎばやに質問を繰り返し、子どもがしゃべろうとすることを遮《さえぎ》らないようにしてください。**

私もせっかちなので、ついそうしがちなのですが、子どもは特に最初話しはじめる時には言葉を探している場合も多く、ゆっくりとしゃべりだします。

親は、子どもが大人のようなペースでしゃべることを期待してイライラしてしまうので、子どもの声を聞きすぎるくらいに聞く構えでいたほうがよいのです。

# 書道で心の緊張感を味わおう

**文字を手書きで書くことは、集中力を高め、心身を整えることにつながります。**

なかでも、緊張感をもって臨む書道は、文字を正しく書こうとするだけで自然と気持ちも引き締まり、姿勢を正して書こうとする緊張感が生まれます。

硯のなかで墨をすっている時間も、自分の心と向き合っているように感じられませんか。黒い墨を毛筆に吸わせ、薄い半紙に、一筆一筆、丁寧に書こうとするだけでも緊張の連続でしょう。パソコンとは違い、書き直しができない書道のプロセスは、緊張感と集中力を持続させる真剣勝負そのものです。

書道には、文字が上手に書けるようになるばかりではなく、心の状態を静かに整え、心を鍛える効果があります。

書道は一筆一筆が真剣勝負
心と体が同時に鍛えられる

# おわりに

今、日本人は心を心で支えようとして、心に重点を置きすぎて苦しくなっています。これは子どものみならず、大人の状況でもあります。

幕末の吉田松陰や、明治時代の福沢諭吉といった人物を見てみると、不思議なことに、心の問題であまり悩んでいないようなのです。それはどうしてか。幕末や明治時代を生きた人々は、身体と精神の二本柱で心を支えていたからではないかと思います。

現代の私たちに欠けてしまいがちなものは、心と体のバランスを整える習慣なのではないでしょうか。

体の習慣をしっかりつくると、心も自然と整ってきます。書道がよい例で、正座して、ちゃんと墨をする。そういうことから、体の習慣が身についてきます。

スポーツもそうですが、茶道などのお稽古など、体を使うことは人間の精神を磨いてくれます。それは、スポーツやお稽古などの習いごとには型や作法というものがあるからで、型や作法とは、人間の精神を伝えてくれる意味あるものなのです。繰り返しになりますが、心と体のバランスを現代の人は忘れかけています。もう一度、そのバランスについて考えるべき時なのではないかと思います。

音読や礼儀など体の習慣は、小さい頃に教えるにふさわしいものです。『論語』の言葉などを音読するということは、その精神を学ぶことでもあります。

身についた伝統的な精神は、その子を将来にわたって支えてくれるものとなるでしょう。

大切なことを受け入れやすい時期に、親が「知・情・意・体」の柱を教えてあげることが、子どもへの最大のプレゼントだと思っています。

なお、この本がかたちになるにあたっては、朝日出版社の仁藤輝夫さん、中村健太郎さんから大きな御助力をいただきました。ありがとうございました。

齋藤　孝

＼おすすめ絵本／

# 100選

0歳から子どもに読んであげたい数々の名作や、知育に適した絵本をここでご紹介したいと思います。

# 0~4歳向けの絵本

**くつくつあるけのほん 4巻セット**
作・画▼林明子［福音館書店］

小さな子どもの表情やしぐさをとらえた、リズミカルな絵本です。

**いやだいやだの絵本 4巻セット**
作・画▼せなけいこ［福音館書店］

さまざまな紙を切り貼りした温かみのある貼り絵が幼児の心をつかみます。

---

**しろくまちゃんのほっとけーき**
作・画▼わかやまけん［こぐま社］

**おおきなかぶ ロシアの昔話**
作▼A・トルストイ（内田莉莎子訳）
画▼佐藤忠良［福音館書店］

「うんとこしょ、どっこいしょ」の繰り返しに子どもは大喜びでしょう。

**ねずみくんのチョッキ**
作▼なかえよしを　画▼上野紀子［ポプラ社］

**ちからたろう**
作▼今江祥智　画▼田島征三［ポプラ社］

**いたずらきかんしゃちゅうちゅう**
作・画▼バージニア・リー・バートン（村岡花子訳）［福音館書店］

**100まんびきのねこ**
作・画▼ワンダ・ガアグ（石井桃子訳）［福音館書店］

**ちいさいおうち**
作・画▼バージニア・リー・バートン（石井桃子訳）［岩波書店］

建物の窓や階段やドアが、人間の心情をたたえるように描かれています。

---

**せかいいちうつくしいぼくの村**
作・画▼小林豊［ポプラ社］

**だるまちゃんとてんぐちゃん**
作・画▼加古里子［福音館書店］

だるまちゃんとてんぐちゃんを通じて、友だちとのつきあい方が学べます。

**おばけがぞろぞろ**
作・画▼佐々木マキ［福音館書店］

**ちびくろ・さんぼ**
作▼ヘレン・バンナーマン（光吉夏弥訳）
画▼フランク・ドビアス［瑞雲舎］

**あさえとちいさいいもうと**
作▼筒井頼子　画▼林明子　[福音館書店]

お子さんが姉妹なら、あさえちゃんと妹に置き換えて読んであげるとよいでしょう。

**三ねんねたろう**
作▼大川悦生　画▼渡辺三郎　[ポプラ社]

**さる・るるる**
作・画▼五味太郎　[絵本館]

**もこもこもこ**
作▼谷川俊太郎　画▼元永定正　[文研出版]

**よるくま**
作・画▼酒井駒子　[偕成社]

**もりたろうさんのじどうしゃ**
作▼大石真　画▼北田卓史　[ポプラ社]

**ぐりとぐら シリーズ**
作▼なかがわりえこ　画▼おおむらゆりこ
[福音館書店]

**14ひきのあさごはん**
作・画▼いわむらかずお　[童心社]

**かばくん**
作▼岸田衿子　画▼中谷千代子
[福音館書店]

**ちいさなうさこちゃん**
作・画▼ディック・ブルーナ（石井桃子訳）
[福音館書店]

**おひさまあはは**
作・画▼前川かずお　[こぐま社]

**おばけのバーバパパ**
作・画▼アネット・チゾン・タラス・テイラー（山下明生訳）　[偕成社]

カステラを焼き、森の動物たちでわけて食べる場面が印象的です。

自由に姿を変えるバーバパパに、子どもたちは親しみを覚えます。

## 4~6歳向けの絵本

**どうぶつのおやこ**
作・画▼薮内正幸　[福音館書店]

**こんにちは**
作▼わたなべしげお　画▼おおともやすお
[福音館書店]

**あめのひ**
作・画▼ユリー・シュルヴィッツ（矢川澄子訳）　[福音館書店]

雨降りの日に、子どもに読んであげたくなる、美しい絵と優しい言葉の絵本。

**よあけ**
作・画▼ユリー・シュルヴィッツ（瀬田貞二訳）［福音館書店］

**たんじょうび**
作・画▼ハンス・フィッシャー（大塚勇三訳）［福音館書店］

**王さまと九人のきょうだい**
中国民話（君島久子訳） 画▼赤羽末吉［岩波書店］

**アリババと40人の盗賊**
作・画▼マーガレット・アーリー（再話：清水達也）［評論社］

**スーホの白い馬**
作▼大塚勇三（再話） 画▼赤羽末吉［福音館書店］

**モチモチの木**
作▼斎藤隆介 画▼滝平二郎［岩崎書店］

凛とした切り絵から、古来の日本の心や美しさが感じられるでしょう。

**おさるはおさる**
作・画▼いとうひろし［講談社］

**やまたのおろち**
作▼羽仁進 画▼赤羽末吉［岩崎書店］

**シナの五にんきょうだい**
作▼クレール・H・ビショップ（川本三郎訳） 画▼クルト・ヴィーゼ［瑞雲社］

**ムッシュ・ムニエルをごしょうかいします**
作・画▼佐々木マキ［絵本館］

心優しい魔術師のムニエルが唱える呪文で、不思議な世界が展開されていきます。

**手ぶくろを買いに**
作▼新美南吉 画▼黒井健［偕成社］

**もじゃもじゃペーター**
作▼ハインリッヒ・ホフマン（生野幸吉訳） 画▼飯野和好［ほるぷ出版］

**あらしのよるに**
作▼木村裕一 画▼あべ弘士［講談社］

**おとうさんをまって**
作▼片山令子 画▼スズキコージ［福音館書店］

**かさじぞう**
作▼瀬田貞二（再話） 画▼赤羽末吉［福音館書店］

**ごんぎつね**
作▼新美南吉 画▼黒井健［偕成社］

**どろんこハリー**
作▼ジーン・ジオン（渡辺茂男訳） 画▼マーガレット・ブロイ・グレアム［福音館書店］

どろんこ遊びの大好きな子どもは、ハリーに感情移入してしまうでしょう。

**泣いた赤おに**
作▼浜田廣介 画▼梶山俊夫［偕成社］

**うさぎのみみはなぜながい**
作・画▼北川民次　［福音館書店］

**赤い蠟燭と人魚**
作▼小川未明　画▼酒井駒子　［偕成社］

**100万回生きたねこ**
作・画▼佐野洋子　［講談社］

愛する白ねこと出会って、はじめて命が惜しいと思うとらねこのせつないお話。

**しょうぼうじどうしゃじぷた**
作▼渡辺茂男　画▼山本忠敬　［福音館書店］

**きかんしゃやえもん**
作▼阿川弘之　画▼岡部冬彦　［岩波書店］

---

**ギルガメシュ王ものがたり**
作・画▼ルドミラ・ゼーマン（松野正子訳）　［岩波書店］

**かにむかし**
作▼木下順二　画▼清水崑　［岩波書店］

**だいくとおにろく**
作▼松居直（再話）　画▼赤羽末吉　［福音館書店］

**おだんごぱん**
ロシア民話（せたていじ訳）　画▼わきたかず　［福音館書店］

**急行「北極号」**
作・画▼C・V・オールズバーグ（村上春樹訳）　［あすなろ書房］

サンタクロースを信じる子どもたちに夢を与えるクリスマス絵本です。

---

**おさるのジョージ シリーズ**
作・画▼M&H・A・レイ（渡辺茂男、福本友美子訳）　［岩波書店］

**九月姫とウグイス**
作▼サマセット・モーム（光吉夏弥訳）　画▼武井武雄　［岩波書店］

**長ぐつをはいたねこ**
作・画▼ハンス・フィッシャー（矢川澄子訳）　［福音館書店］

どんなときにも挫けず、生き抜く力を与えてくれる、心強くなる絵本です。

**ねむりひめ**
グリム童話　画▼フェリクス・ホフマン（瀬田貞二訳）　［福音館書店］

眠りに入る情景描写を朗読すれば、詩のように聞かせてあげることができます。

**こねこのぴっち**
作・画▼ハンス・フィッシャー（石井桃子訳）
［岩波書店］

**ききみみずきん**
作▼木下順二　画▼初山滋　［岩波書店］

働き者の若者と娘が出てくる日本民話の絵本。朗読すると美しい日本語の響きがわかります。

**バムとケロのにちようび**
作・画▼島田ゆか　［文溪堂］

**せいめいのれきし**
作・画▼バージニア・リー・バートン（石井桃子訳）　［岩波書店］

数十億年もの長大な歴史がドラマチックな舞台劇となって描かれています。

---

**きんぎょのおつかい**
作▼与謝野晶子　画▼高部晴市　［架空社］

**おばけのジョージー**
作・画▼ロバート・ブライト（光吉夏弥訳）
［福音館書店］

おばけのジョージーが居場所を見つけるお話に、子どもたちもほっとします。

**おそばのくきはなぜあかい**
作▼石井桃子　画▼初山滋　［岩波書店］

**フェリックスの手紙**
**小さなウサギの世界旅行**
作▼アネッテ・ランゲン（栗栖カイ訳）
画▼コンスタンツァ・ドローブ
［ブロンズ新社］

**ズーム、エジプトをゆめみて**
作▼ティム・ウィン・ジョーンズ（えんどういくえ訳）　画▼エリック・ベドウズ
［ブックローン出版］

---

**ちいさなもみのき**
作▼マーガレット・ワイズブラウン（かみじょうゆみこ訳）　画▼バーバラ・クーニー
［福音館書店］

**のろまなローラー**
作▼小出正吾　画▼山本忠敬　［福音館書店］

**フォックスウッドものがたりシリーズ**
作・画▼シンシア&ブライアン・パターソン（三木卓訳）　［金の星社］

**ちいさなちいさな駅長さんのはなし**
作▼いぬいとみこ　画▼津田櫓冬
［新日本出版］

**ピーターラビットのおはなしシリーズ**
作・画▼ビアトリクス・ポター（石井桃子訳）
［福音館書店］

**きょうりゅうたち**
作▼ペギー・パリッシュ（杉浦宏訳）
画▼アーノルド・ローベル　［文化出版局］

**おしゃべりなたまごやき**
作▼寺村輝夫　画▼長新太　［福音館書店］

**はたらきもののじょせつしゃけいてぃ**
作・画▼バージニア・リー・バートン（石井桃子訳）　［福音館書店］

**スイミー**
**小さなかしこいさかなのはなし**
作・画▼レオ・レオニ（谷川俊太郎訳）
［好学社］

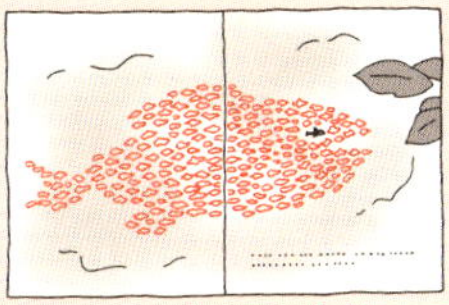

智恵をもつ、真っ黒い小さなスイミーが、勇気を伝えてくれます。

**ふしぎなたいこ**
作▼石井桃子　画▼清水崑　［岩波書店］

**ブレーメンのおんがくたい**
グリム童話（瀬田貞二訳）
画▼ハンス・フィッシャー　［福音館書店］

---

**あおい目のこねこ**
作・画▼エゴン・マチーセン（瀬田貞二訳）
［福音館書店］

あおい目のねこがきいろい目の猫らに意地悪されてもくじけない強さが描かれます。

**はらぺこあおむし**
作・画▼エリック・カール（もりひさし訳）
［偕成社］

大好きな食べ物がカラフルに描かれ、子どもたちは大喜びします。

**どのくま？**
**〜わたしのくまちゃん〜**
作・画▼100DRINE（宇野里砂訳）
［どりむ社］

**ビズの女王さま**
作・画▼クリスチャン・アールセン（こやま峰子訳）　［どりむ社］

---

**ぞうのババール**
作・画▼ジャン・ド・ブリュノフ（矢川澄子訳）　［評論社］

**くわずにょうぼう**
作▼稲田和子（再話）　画▼赤羽末吉
［福音館書店］

**しろいうさぎとくろいうさぎ**
作・画▼ガース・ウィリアムズ（松岡享子訳）
［福音館書店］

2匹のうさぎのいきいきとした表情から、心の動きがあふれ出てきます。

**ほしになったりゅうのきば**
作▼君島久子　画▼赤羽末吉　［福音館書店］

星にまつわる中国の民話が、見事な華麗な彩色と墨の線で描かれています。

**さんまいのおふだ**
作▼水沢謙一　画▼梶山俊夫　[福音館書店]

**ふたりはともだち**
作・画▼アーノルド・ローベル（三木卓訳）[文化出版局]

**にじいろのさかな**
作・画▼マーカス・フィスター（谷川俊太郎訳）[講談社]

**リサとガスパール シリーズ**
作▼アン・グットマン（石津ちひろ訳）
画▼ゲオルグ・ハレンスレーベン
[ブロンズ新社]

転校生と喧嘩してすっかり仲良しになる、そんなかわいい親友のお話です。

**地雷ではなく花をください**
作▼柳瀬房子　画▼葉祥明　[自由国民社]

**ひろしまのピカ**
作・画▼丸木俊　[小峰書店]

**ぽとんぽとんはなんのおと**
作▼神沢利子　画▼平山英三　[福音館書店]

春を待つ冬ごもりのクマの親子のふれあいと、季節の移り変わりが優しく描かれます。

**絵で読む 広島の原爆**
作▼那須正幹　画▼西村繁男
[福音館書店]

**絵で見る 日本の歴史**
作・画▼西村繁男　[福音館書店]

**はなのすきなうし**
作▼マンロー・リーフ（光吉夏弥訳）
画▼ロバート・ローソン　[岩波書店]

好きなことを貫く牛の姿から、子どもだけでなく大人も勇気をもらうでしょう。

**声にだすことばえほん シリーズ**
編▼齋藤孝　[ほるぷ出版]

普段は聞けない日本の面白い言葉を、親子で一緒に楽しみながら声に出してみましょう。

**子ども版 声に出して読みたい日本語 全12巻**
編▼齋藤孝　[草思社]

声に出して読むことで、いつの間にか日本の古典に親しむことができます。

齋藤 孝（さいとう・たかし）
明治大学文学部教授。１９６０年静岡県生まれ。東京大学法学部卒。同大学院教育学研究科博士課程を経て現職。専門は教育学、身体論、コミュニケーション論。『身体感覚を取り戻す』（ＮＨＫブックス）で新潮学芸賞受賞。『声に出して読みたい日本語』（草思社、毎日出版文化賞特別賞受賞）がシリーズ２６０万部のベストセラーになり日本語ブームをつくった。著書に『読書力』『コミュニケーション力』『教育力』（岩波新書）、『現代語訳論語』『現代語訳 学問のすすめ』（ちくま新書）など多数。ＴＢＳテレビ「情報７ｄａｙｓ ニュースキャスター」コメンテーター。ＮＨＫ教育テレビ「にほんごであそぼ」総合指導など。

# 心と体を整える 子育て力

2013年4月1日　第1刷発行

著者　齋藤 孝

発行者　原 雅久

発行所　朝日出版社
〒101-0065　東京都千代田区西神田3-3-5
電話03-3263-3321
http//www.asahipress.com/

印刷・製本　図書印刷

イラスト　瀬川尚志

装幀　石井恵理子（ニイモモクリエイト）

編集担当　仁藤輝夫　中村健太郎

　ISBN 978-4-255-00707-6